Werner Johannes Neuner

Blasphemie

Erde in Aufruhr

Roman

meinThema Verlag
Home: www.meinThema.com

Kontakt zum Autor:
E-Mail: werner.neuner@meinThema.at
Home: www.WernerNeuner.net

Lektorat: Trudy Ditton

ISBN: 978-3-9502439-8-7

Inhalt

Gewidmet dir, geliebte Urmutter,
geliebte Gaia, Mutter Erde.

Gewidmet dir, Lilith, du sinnlich schöne Frau,
du Wissende der Liebe,
du Wissende der sinnlichen Erfüllung.

Gewidmet allen Menschen, die es wagen,
die Lieder der Mutter Erde zu hören.

Gewidmet allen Menschen, die aufgebrochen sind,
um die Heile Matrix zu erkunden.

Gewidmet allen Frauen, die es wagen,
die Sinnlichkeit der Lilith
in sich wieder zu entdecken.

Erde in Aufruhr

Die Mutter

Die Trauer der Mutter, der das am innigsten geliebte Kind entrissen worden war, glich jener melancholisch abwärts ziehenden Bewegung, welche im Herbst die Blätter zuerst färbt und dann zum Fallen bringt. Diese Melancholie hatte lange schon mit einer zeitweise hoffnungslosen Schwere auf ihrem Gemüt gelastet. Doch sie hatte das, was sie bedrückte, stets für sich behalten, oder bestenfalls ein wenig ihrer venusischen Schwester anvertraut. Nun aber, als sie mehr und mehr erkennen musste, wie weit dieses geliebte Kind ihr entfremdet worden war, bahnte sich diese Trauer einen Weg nach außen und brach aus ihr heraus, immer häufiger und in immer unkontrollierbareren emotionalen Wellen, die sich hoch aufbäumten, an die Küsten der Kontinente brandeten und Land überfluteten.

Und nicht nur den Verlust ihres Kindes betrauerte sie, sondern auch den Verlust ihrer Liebe, den Verlust ihrer frei lebbaren, sinnlichen und unendlich erfüllenden Liebe zu ihrem Geliebten, der nun hinter einer schier undurchdringbaren Wolke verborgen und für sie unsagbar schwer erreichbar geworden war.

Ihr, Mutter Erde, war vor mehr als 5000 Jahren ihr geliebtes Kind, der Mensch, durch List und Betrug entrissen worden. Oft schon hatte sie darüber gegrübelt, ob sie hätte weiser handeln können. Doch das, was sie damals getan hatte, war vollkommen im Einklang geschehen mit dem, was die große Galaktische Mutter für weise und richtig empfunden hatte. Der Traum, den sie, Mutter Erde, in jenen Jahren zu träumen begonnen und der zu einem solch massiven Wandel im Bewusstseinsfeld des Menschen geführt hatte, entsprach vollkommen dem großen galaktischen Traum der Großen Mutter. Und sie, Mutter Erde, wusste sehr wohl, dass es ohne das Täuschungsspiel der kranken Götter, die den Planeten just in jenem kritischen Moment mit ihrem Wahnsinn überfallen hatten, niemals zu einer Katastrophe von solch gravierendem Ausmaß gekommen wäre.

Auch der trübe Nebel, der sich zwischen ihr und ihrem Geliebten, dem Sohn des Lichtes, so undurchdringbar dicht aufgebaut hatte, war ein Werk jener kranken Götter, ein gegen sie gerichteter Racheakt gewesen. Diese kranken Geister, die sich selbst Götter nannten, hatten diese liebetötende Trübheit zwischen ihr und ihrem Geliebten schleichend und hinterlistig aufgebaut, nachdem sie, Mutter Erde, sich geweigert hatte, das Feld gänzlich zu räumen. Die Götter hatten von Gaia, von Mutter Erde, die bedingungslose Kapitulation verlangt. Sie hätte die globale Herrschaft über diesen einmaligen Planeten den Göttern überlassen sollen.

Als „großzügige Gegenleistung“, wie sie es nannten, hätten diese Götter sie frei ziehen lassen, sie, Mutter Erde, und ihn, ihren geliebten Sohn des Lichtes, der den Göttern ohnehin als ein ständiger Störfaktor galt, als eine geächtete Kraft im Spiel ihrer heimtückischen Machtmechanismen. Mutter Erde und ihr Geliebter hätten ihre Liebe ungetrübt und frei im weiten kosmischen Raum, sinnlich und erfüllend, leben können. Doch der Preis dafür wäre das planetare Fleisch der Erdenmutter, der Planetenkörper selbst gewesen. Und sie hätten ihr geliebtes Kind, den Menschen, den Göttern endgültig als wehrlose Beute hinterlassen müssen.

Während der vergangenen 5000 Jahre hatte Gaia mit ansehen müssen, wie der Mensch mehr und mehr zum Sklaven der Götter geworden war. Eine neue Gefahr war nun im heimtückischen Geist der Götter ersonnen worden: die Globalisierung der Macht, die weltweite und lückenlose Kontrolle des Menschen und allen Lebens auf diesem Planeten! Durch die über die Medien weltweit verbreiteten und kontrollierten Informationen wurden globale Glaubensmuster im Geist der Menschheit neu implantiert oder bestehende Glaubensmuster derart weltumspannend manifestiert, dass sie ein unentrinnbares Feld erschufen, ein Feld aus Macht und Gewalt, ein weltumspannendes Kriegsfeld, das als solches vom Menschen kaum erkannt werden konnte. Der Mensch, der wesentlicher Teil dieses globalen Gewaltfeldes war, ahnte zwar, dass hinter den Kulissen alles gelenkt und bis ins kleinste Detail hinein kontrolliert wurde. Der Mensch hatte aber nicht die geringste Ahnung, dass es die Götter waren, die diese weltumspannend manipulierende Macht innehatten. Die Fülle an Verschwörungstheorien, die von den Göttern selbst inszeniert und im Geist der Menschen freigesetzt wurden, dienten dazu, die tatsächlichen Machthaber und das grausame Treiben der Götter gänzlich zu verbergen.

Die globalisierten Glaubensmuster hatten nun den Menschen immer tiefer in eine lichtlose Bewusstlosigkeit geführt. Der Mensch glaubte immer mehr an das, was er über die Bildschirme flimmern sah und hörte auf, sich selbst zu spüren, selbst zu denken oder die Lieder der Mutter Erde wahrzunehmen.

Die von den Göttern gelenkten Informationen sind klug inszenierte Fehlinformationen, die Glaubensfelder erschaffen, die Ethiken und Überzeugungen in den Geist des Menschen implantieren. Durch diese neue Form des globalen Glaubens wurde der Mensch nahezu vollkommen willenlos und zu einem immer besser funktionierenden Sklaven der Götter. Vor allem das, was an Liebesbildern in den vergangenen Jahrtausenden in die Herzen der Menschen implantiert worden ist und nun durch die globalen Medien immer wieder neu aufbereitet wird, entfremdete den Menschen weiter und weiter von seiner eigenen Liebesfähigkeit. Und mehr noch: diese vollkommen entartete Ethik in Liebesfragen wurde zum beliebtesten Nährboden für Eifersucht, für Neid, für

Misstrauen und für jene Kriege, welche die Götter anzettelten, um gegeneinander um die globale Vorherrschaft zu kämpfen, oder um aus den Angst- und Kriegsfeldern Energien zu beziehen.

Krieg und Angst, das sind jene Felder, aus denen die Götter ihre Macht und ihr Ego nähren.

Die große Welle

Als Gaia sah, dass die Götter nach der weltumspannenden Macht griffen und den Menschen immer besser ihren Willen aufzuzwingen wussten, da schrie sie auf. Denn Gaia sah, dass es keine Räume mehr gab, in denen der Mensch sich frei entfalten konnte. Die Götter hatten mit ihrem Feld der Gewalt den gesamten Planeten unter ihre Kontrolle gebracht. Die Nischen, in denen bislang noch wache und frei liebende Menschen gelebt hatten, wurden aufgestöbert und dem globalen Angstfeld unterworfen.

Eines Tages, als es endlich wieder Frühling werden sollte, drangen die Lieder der Mutter Erde, die Lieder der Heilen Matrix, nicht mehr bis an die Oberfläche durch. Der eisige Panzer der globalen Macht und Kontrolle lag über der Erde. Die Sonne konnte den Boden nicht erwärmen und das Eis nicht schmelzen. An der Oberfläche blieb es geisterhaft still und die ersten Märztage dieses Jahres waren ungewöhnlich frostig.

Die Singvögel, jene zauberhaften Wesen, welche die Stimme der Gaia verkörpern, welche die Lieder der Gaia in Klang und Gesang zum Ausdruck bringen sollen und welche die Aufgabe haben, den Frühlingsbeginn anzukündigen, diese Singvögel der Erde schwiegen in diesen Märztagen. Zuerst schwiegen sie und dann fielen sie zu Hunderten tot von den Bäumen. Die Menschen erschraken, als sie das Sterben der Vögel sahen und nicht zu deuten wussten.

Gaia schrie auf.

Und ihr Aufschrei, der in einer Serie enormer Erdbeben sich entlud, verschaffte ihr Luft. Der Panzer brach an manchen Stellen auf und lockerte sich.

Manch einer der Singvögel, der am Leben geblieben war, fand seine Stimme wieder.

Auf einem Baum saß eine Amsel, alleine und wie in Trance. Ihr sonnengelber Schnabel blieb geschlossen, als sie das helle und schüchtern wärmende Frühlingslicht auf ihrem dunklen Federkleid vernahm. Ihr sonnengelber Schnabel blieb verschlossen, aber dennoch erwachte tief in ihrer Kehle ein Lied, das vielstimmig und wie von weit her von ihr gesungen wurde. Es war ein gespenstischer und unwirklicher Anblick, ein Klanggeschehen aus einer anderen Welt. Lieder aus einer Welt, in der es den eisigen Würgegriff um Gaias Körper nicht gab. Diese Lieder von einer freien Welt bahnten sich den Weg in diese eine, alleine auf diesem Baum sitzende und singende Amsel. Dies waren keine Lieder einer Amsel, die durch sie hindurch und aus ihrem Inneren nach außen drangen, es waren vielmehr die vielstimmigen Gesänge vieler Vögel, die zu früh gestorben waren und ihre Lieder, die Lieder der Heilen Matrix nicht mehr singen konnten. Mutter Erde aber hatte diese eine Amsel gefunden und sang in ihr ihre schönsten Lieder und Hymnen.

Die Trauer, die in diesen Liedern erklang, war tief.

Es war die Ausweglosigkeit, durch die sich Gaias Trauer aufbäumte. War es ihr bisher möglich gewesen, immer wieder Freiräume zu schaffen, in die sich einzelne Menschengruppen, welche die Lieder der Gaia noch hörten, zurückziehen konnten, musste sie nun erleben, dass diese Freiräume nach und nach verloren gingen. Die Rückzugsgebiete wurden vom allumfassenden Feld der Gewalt in Besitz genommen und zerstört. Jene Menschen, die mit der Erde noch sprachen, wurden auf den weltumspannenden Kriegsfeldern verfolgt und vernichtet.

Der Aufschrei der Erde entsprang ihrem tiefsten Inneren. Eine riesige Welle des Schmerzes bäumte sich auf und überflutete in einem einzigen Moment ihren gesamten Emotionalkörper. Ein tiefes und melancholisches Aufschluchzen erfüllte den gesamten sphärischen Raum. Diese sich aufbäumende Welle der Trauer war derart mächtig, dass sie sich in der sichtbaren Welt äußern musste.

Vor der Küste Sumatras entlud sich der so lange bereits aufgestaute Schmerz und löste ein massives Seebeben aus, welches eine gigantische Flutwelle verursachte. Diese Flutwelle zog über den gesamten indischen Ozean hinweg und brandete an die Meeresküsten Indonesiens, Indiens und Afrikas. Der Schmerzensschrei der Gaia hatte ihren gesamten Wasserkörper weltweit aufgewühlt und die Küsten auf Tausenden von Kilometern überflutet. Der Mensch erschrak.

Diese Welle des Schmerzes und der Trauer hatte aber nicht nur den Wasserkörper der Gaia in Aufruhr gebracht. Nicht nur auf den Weltmeeren hatten sich Flutwellen ausgebreitet. Auch im kosmischen Raum war der planetare Emotionalkörper in heftige Erregung geraten. Gaias Trauer hatte im interplanetaren Raum eine Flutwelle verursacht, eine Flutwelle von bisher noch nie da gewesenem Ausmaß.

Dieses emotionale Geschehen verebbte nicht ungehört. Alle planetaren Wesen des Sonnensystems horchten auf. Und damit lenkte Gaia vor allem die Aufmerksamkeit des Sternenmeisters Ahau, der Sonne, auf sich.

Der Streit der Götter

Er, der Sternenmeister Ahau, dessen sichtbare Gestalt die Sonne ist, hatte schon lange besorgt die Ereignisse seiner geliebten Tochter Gaia verfolgt. Er hatte miterleben müssen, wie einst, vor etlichen Jahrtausenden, die Schar der Götter aus dem galaktischen Raum aufgetaucht war und ohne um Einlass zu bitten gewaltsam ins Sonnensystem eingedrungen war. Er hatte freilich über die galaktischen Netze bereits von der Existenz und vom Wahnsinn dieser Götter gewusst. Es war ihm bereits bekannt gewesen, dass diese Götter sich seinem eigenen galaktischen Raum näherten. Doch er hatte darauf vertraut, dass seine Heliosphäre einen ausreichenden Schutzschild bieten würde, um diese ungebetenen Gäste von einem unbewilligten Eindringen in die inneren Sphären des Sonnensystems abzuhalten. Er hatte aber nicht mit der Macht dieser Götter, mit deren Hinterlist, Hartnäckigkeit und Gewaltsamkeit gerechnet. Und vor allem überraschte ihn die Macht deren Anführer.

Es war Gaias Schönheit und Gaias einzigartige Lebendigkeit, welche die Götter unheilvoll anzog. Nach ihren ersten missglückten Versuchen, die schützende Heliosphäre zu durchbrechen, gaben sie keineswegs auf. Sie wollten Gaias Schönheit vergewaltigen und deren Reichtümer rauben.

Wie sehr der Sternenmeister Ahau sich gegen das Eindringen der Götter auch zur Wehr setzte, unterlag er ihnen dennoch. Die Götter durchschlugen seinen beschützenden Schild.

Bald schon nach ihrem Eindringen hatten die Götter Gaia, die liebste Tochter des Sternenmeisters Ahau, überfallen. Die Schönheit und die Reichtümer dieses blauen Planeten erschienen ihnen als derart lohnende Beute, dass sie davon nicht ablassen wollten, koste es, was es wolle. Der Reichtum, den Gaia besaß, war bestens geeignet, um die Götter mit Energie zu versorgen. Energie war es, was diese am dringendsten benötigten. Energie, mit der sie, die Götter, ihre Urangst zu besänftigen und zu überspielen suchten.

Die Urangst und der Wahnsinn dieser Götter bestanden seit jeher in der völlig absurden Angst vor dem Tod und vor dem Erlöschen ihrer Existenz. Die Götter, die aus der Tiefe der Galaxie aufgetaucht waren, scheinen das kosmische Grundprinzip nicht zu kennen, das Grundprinzip nämlich, dass niemals irgendetwas verloren gehen kann, dass Bewusstsein niemals erlöschen kann, sondern ewig existent bleibt. Die Frage der Existenz stellt sich dem Bewusstsein niemals, denn Existenz und Bewusstsein sind ein und dasselbe!

Was also war diese absurde Angst, die diese Götter so tief in sich trugen?

Worin lag die Ursache dieser Angst?

Das Wesen der Götter war von ihrem eigenen, aufgeblasenen Ego erbärmlich durchzogen. Durch dieses enorme Ego waren sie sowohl unfähig, als auch unwillig, sich in die Schönheit einer Gesamtheit oder gar in die allumfassende Schönheit des universellen Seins einzubegeben. Ihr aufgeblasenes Ego war deren Wahnsinn und deren Krankheit. Es hatte sich wie ein Geschwür in ihrem gesamten Wesen ausgebreitet. Und dieses Ego war es auch, welches das Erlöschen und Vergehen so wahnsinnig befürchtete. Es war nicht das unvergängliche Bewusstsein, das diese irrige Todesangst geboren hatte. Es war das aufgeblasene Ego, das nicht untergehen wollte, um keinen Preis.

Dieses Ego aber brauchte Energie, es brauchte Huldigung, es brauchte Anbetung, es brauchte aussaugbare Materie, denn sonst, das war klar, würde es tatsächlich vergehen. Dass ein vergehendes Ego allerdings unendlich viel an blockierter Energie freigeben würde, interessierte die Götter nicht. Zu sehr waren sie vom Spiel der Macht und des Egos fasziniert. Zu sehr waren sie in dieses Spiel bereits verstrickt. Das aus diesem Spiel entstehende Feld der Gewalt und des Krieges war zu einem Teil ihres Wesens geworden, das sie nicht aufzugeben wagten.

Und dieser wunderschöne Planet Erde hatte von allem, was sie für das Nähren ihres aufgeblasenen Egos brauchten, zur Genüge. Wie hungrige Raubtiere umschlichen sie das planetare Feld der Gaia und warteten auf einen günstigen Moment, um darin einzudringen.

Doch noch bevor es den Göttern gelungen war, in die inneren Erdsphären einzudringen, kam es unter ihnen zu einem massiven Streit.

Die einen wollten die schützenden planetaren Sphären Gaias gewaltsam zerschlagen, um sofort mit vergewaltigender Brutalität in Gaia einzudringen und sie gierig auszusaugen. Sie wollten sich an den Reichtümern dieses wunderschönen Planeten befriedigen, so schnell es ging. Ihr aufgeblasenes Ego würde vor allem durch das Gold, das sie dieser Erde entreißen konnten, hell erstrahlen und ihnen in großem Ausmaß Kraft und Macht verleihen, von der sie lange zehren konnten. Sie würden durch ihr gewaltsames Eindringen die Biosphäre des Planeten natürlich veröden und einen verarmten, verwüsteten Planeten zurücklassen, der sich, wenn überhaupt, lange nicht mehr erholen würde. Und dann wollten sie weiterziehen, um im weiten galaktischen Raum nach weiteren planetaren Opfern zu suchen.

Die andere Gruppe der Götter sah aber, dass auf diesem Planeten eine längerfristige Zukunft möglich wäre. Sie erkannte den wahren Reichtum der Erde, die Fülle ihrer Kraft und ihre Schönheit. Sie wollten einen günstigen Moment abwarten, um einzudringen zu können.

Sie wollten sich dann hier für eine Zeit lang niederlassen und den Planeten ihrem Willen unterwerfen. Dieser Planet sollte ihnen dienen und ihnen Energie liefern für lange Zeit. Sie waren für eine nachhaltige und lange andauernde Beraubung und Ausbeutung dieses Planeten, die freilich früher oder später ebenfalls höchst wahrscheinlich zu einer Verwüstung und Verödung führen würde. Denn keine planetare Biosphäre ist stark genug, um einen andauernden Energieraub überleben zu können. Doch das konnte natürlich noch Jahrtausende dauern.

Der Anführer der Götter, den sie Luzifer nannten, war mit seiner Geduld allerdings am Ende. Er war gierig und hungrig nach der planetaren Beute, die ihm zu Füßen lag und die er nicht ergreifen konnte. Er war es nicht gewohnt, dass ein Planet sich seiner Gewalt derart lange widersetzen konnte. Das raubte ihm Kraft, das kratzte an seinem aufgeblähten Ego. Er befürchtete vor allem, dass der eine oder andere in seinem Gefolge seine alleinige Vormacht, seine alleinige Führungsposition hinterfragen könnte. Und schlimmer noch: Er befürchtete, dass es unter den Göttern eine Revolte gegen ihn geben könnte.

Er spürte diesen Willen, die alleinige Macht ergreifen zu wollen, besonders bei jenem einen, der niemals seinen Namen verriet und der später tatsächlich zu einem der Mächtigsten unter den Göttern werden sollte.

Niemals aber wollte er, Luzifer, sich stürzen lassen. So befahl er den Angriff auf Gaia und die Zerschlagung ihres sphärischen Widerstandes, sowie ihre gewaltsame Plünderung. Doch dann geschah etwas, womit er niemals gerechnet hätte…

Der Sohn des Lichtes

Es schien, als wäre Gaia schon von Anbeginn ein Lieblingskind der großen Galaktischen Mutter gewesen, denn diese hatte sie mit einer außergewöhnlichen Schönheit beschenkt. Ihre Schönheit war bereits in ihren jungen Jahren schnell sichtbar geworden und ihre anmutig bläulich schimmernde Atmosphäre hatte schon sehr früh einen besonderen Liebreiz ausgestrahlt. Ahau, der Sternenmeister Sonne, war fasziniert von diesem planetaren Juwel, das seiner Obhut anvertraut worden war. Er schätzte nicht nur Gaias betörende Schönheit, sondern liebte auch jene Gesänge und Lieder, mit denen Gaia den kosmischen Raum beschenkte. Sie war das Juwel des gesamten Sonnensystems. Und sie würde in diesem Sonnensystem die Aufgabe übernehmen, stofflich sichtbares Leben hervorzubringen.

Durch das stetig pulsierende Aussenden myriadenfacher Lichtphotonen erschuf der Sternenmeister Ahau nicht nur die beschützende heliosphärische Hülle, welche das gesamte Sonnensystem behütend umgab. Aus seinem Licht wurde auch sein eigener Sohn geboren, der Sohn des Lichtes. Er, der Sohn des Lichtes, ist die von innen her strahlende Emanation des reinen solaren Lichtes. Er ist der Sohn des Sternenmeisters Ahau, ausgestattet mit einem außergewöhnlichen inneren Leuchten und mit der Fähigkeit, stofflich sichtbares Leben zu zeugen. Er ist der bewusste Geist des reinen Lichtes. Und er war seit Anbeginn für eine fruchtbringende Liebe mit der bezaubernden Gaia auserkoren.

Als der Sohn des Lichtes der wunderschönen Gaia erstmals begegnete, entflammte sofort deren, in ihrer kosmischen Bestimmung bereits angelegten, Liebe. Sie zogen einander unablässig an, sie umspielten einander, warben um einander mit jener bedingungslosen Hingabe, zu der nur zutiefst Verliebte fähig sind. Und sie erkannten, dass ihrer beider Seelenpläne bereits seit Anbeginn der Zeiten innigst miteinander verwoben waren.

Ihre Liebe flammte auf in einem erotisch sinnlichen, kosmischen Tanz, dessen betörende Bewegungen nicht nur das gesamte Sonnensystem beglückte, sondern weit darüber hinaus reichte. Die Zärtlichkeit, mit welcher der Sohn des Lichtes die Erde umspielte und die bebend liebende Erregung, mit der sich Gaia ihrem Geliebten hingab, erschuf ein kosmisch beglückendes Feld der Liebe. Erotische Lieder und sinnliche Hymnen entstanden in diesem Liebesfeld und wurden vom Sternenmeister Ahau, von seiner kraftvoll starken solaren Stimme hinausgetragen, weit hinaus in das weite galaktische Feld. Alle sollten es wissen, dass hier ein Liebesspiel vollzogen wurde, eine kosmische Hochzeit, das große kosmische Mysterium, durch welches das stoffliche Leben geboren werden konnte.

Der Sohn der Sonne gab sich hin, entäußerte sich und schenkte im erotischen Liebesspiel seinen lichtdurchdrungenen Samen der sich mit allen Sinnen öffnenden Gaia. Die farbenprächtigen Auroren, die in den Polarregionen sichtbar werden, aber auch jedes Farbenspiel der Morgenröte oder der Abenddämmerung, jedes farbenprächtige Wolkenspiel, all das sind sichtbare Bilder für die sich entäußernde Hingabe des Sohnes des Lichtes.

Und sie, Mutter Erde, gebar das Leben. Es entstand Leben auf ihrer Oberfläche, organisch stoffliches Leben, für das sie von nun an die liebende und Geborgenheit schenkende Urmutter sein konnte. Mit ihrer sich erfüllend hingebenden erotischen Liebe zum Sohn des Lichtes, der zum Urvater allen Lebens auf Erden geworden war, sowie mit dem Gebären allen organischen Lebens auf der Erdenoberfläche, erfüllte sich Gaias Bestimmung in besonders beglückendem Maße.

Die Lieder und Hymnen der Liebe, welche der Sternenmeister Ahau mit kräftiger, manchmal freudig erregter und beglückter Stimme in den galaktischen Raum hinaus sang, war das sichtbare Zeichen, dass sich das galaktische Wunder des Lebens hier vollzog. Gerade diese Lieder aber waren es auch, welche die Schar der kranken Götter unter der Führung des Luzifers auf diesen Ort aufmerksam machte.

Es verging eine lange Zeit erfüllenden Glücks, ehe Luzifer mit seinem Gefolge sich dem Sonnensystem näherte.

Der erste Angriff

Als Luzifer mit dem Gefolge der Götter das Sonnensystem erreicht hatte, war es sowohl dem Sternenmeister, als auch allen planetaren Wesen des Sonnensystems klar, dass diese Götter sich auf einem Kriegszug befanden. Es war klar, dass die Götter auf reiche Beute aus waren. Und es war klar, dass sie, Gaia, das zentrale Opfer ihrer Gier werden sollte.

Die Götter mussten aber sofort nach ihrer Ankunft die bemerkenswerte Kraft des Sternenmeisters Ahau und seine besonders ausgeprägten beschützenden Fähigkeiten anerkennen. Es gelang den Göttern keineswegs, die das Sonnensystem umgebende beschützende Heliosphäre zu durchdringen. Sie wurden von dieser Schutzhülle reflektiert, da die Frequenzmuster ihrer eigenen Felder mit jenen Friedens- und Liebesfeldern, die im Sonnensystem vorherrschten, keineswegs übereinstimmen. Das Gefolge des Luzifers drohte an der Heliosphäre zu verglühen, sobald sie dieser zu nahe kamen.

Dies war für die Schar der Götter neu. Die solaren Systeme, die sie bislang überfallen und geplündert hatten, waren noch von keiner derart intensiven Hülle umgeben gewesen. Doch anstatt davon abzulassen und sich ein anderes Opfer zu suchen, stachelte dieser Widerstand die Gier der Götter nur umso intensiver an. Wenn nämlich die heliosphärische Hülle, welche das Innere des Sonnensystems beschützte, derart kraftvoll war, musste das, was in ihrem Inneren beschützt wurde, nur umso wertvoller sein. Auch die Lieder, welche der Sternenmeister Ahau in seinen Gesängen freizügig in den galaktischen Raum ausgeströmt hatte, die Lieder von der Fülle des Lebens auf einem seiner Planeten, diese Lieder hatten die gierige Phantasie der Götter schon vor langer Zeit unheilvoll entfacht.

Luzifer und seine Götter forderten den Sternenmeister Ahau zum Kampf heraus. Und obwohl sie anfangs kaum eine Chance zu haben schienen, sollten sie diesen ersten Kampf dennoch für sich entscheiden können.

Die Götter studierten die Beschaffenheit und die Gestalt der Heliosphäre genau. Sie erkannten bald, dass diese, wie bei Sternensystemen üblich, elliptisch gebogen war. Der Kopf der

Heliosphäre war besonders dicht, hier war ein Eindringen wohl gänzlich unmöglich. Doch an der dem Kopf gegenüberliegenden Seite war das Schutzschild des Sonnensystems um ein Vielfaches dünner gestaltet. Da sich die Sonne mit relativ hoher Geschwindigkeit im galaktischen Raum bewegte, war dieser Unterschied in der Dichtheit zwischen dem Kopf und dem gegenüber liegenden Bereich besonders ausgeprägt.

Lange umkreisten die Götter die Heliosphäre und stellten ihre Untersuchungen an. Dann verschwanden sie wieder in die Tiefe der Galaxis, um andernorts Beute zu machen. Doch dieser Friede währte nur kurz, ehe sie wieder erschienen und ihre Belagerung fortsetzten.

Die Götter erkannten, dass die Kraft des Sternenmeisters Ahau Schwankungen unterworfen war. Es gab Zeiten mit intensiverer und starker solarer Strahlung, in denen die schützende Heliosphäre besonders stark aufgeladen und ihre Schutzwirkung daher besonders kraftvoll war. Es gab aber auch Zeiten geringerer Sonnenaktivitäten. Und in diesen Zeiten nahm die Kraft des Schutzschildes ebenfalls merkbar ab.

Je länger die Götter diesen Schutzschild belagerten, ohne ihn durchbrechen zu können, umso mehr steigerten sich ihre Phantasien über die im Inneren des Sonnensystems befindlichen Reichtümer ins schier Unermessliche. Sie waren bereit, alles daran zu setzen, diese Barriere zu durchbrechen. So gingen sie zu einer beharrlichen und für den Sternenmeister Ahau zermürbenden Taktik über. Sie griffen immer wieder an, mit all ihnen zur Verfügung stehenden Gewalt. Auch wenn sie stets zurückgeworfen wurden, wussten sie, dass dies den Sternenmeister Kraft kostete.

Nach jedem Angriff zogen sie sich zurück, luden sich mit neuer Energie auf, die sie im umliegenden galaktischen Feld zu rauben wussten und schlugen abermals unvermittelt zu. Ihre Attacken waren unberechenbar, denn sie folgten keinem bestimmten Rhythmus. Es war zeitweise ein einziger, dann wieder mehrere unmittelbar hintereinander. Niemals konnte der Sternenmeister zur Ruhe kommen, denn er musste jederzeit mit der nächsten Attacke rechnen.

Er, der Sternenmeister wusste, worum es ging. Er wusste, dass Gaia das Juwel war, das die Götter an sich reißen, aussaugen und gewaltsam berauben wollten. Und er wusste, dass solch eine Gewalttätigkeit seine geliebte Tochter zerstören konnte. Umso mehr blieb er wachsam, blieb in ständiger Alarmbereitschaft und gönnte sich keine Erholungsphasen.

Der Sternenmeister verlor zu seinem eigenen Entsetzen nach und nach an Kraft. Nicht nur er merkte dies, sondern auch seine immer häufiger und immer gewaltsamer anstürmenden Gegner. Das führte nun dazu, dass der Sternenmeister in jenem Bereich, in dem der nächste Angriff angesetzt wurde, die Heliosphäre mit seinen eigenen Energien kraftvoll verstärken musste, mit Energien allerdings, die er an anderer Stelle abziehen musste. Der Sternenmeister Ahau konnte so das Fluidum der Heliosphäre zwar bis zu einem gewissen Grad lenken, musste sich aber dennoch den physikalischen Möglichkeiten dieses Feldes beugen.

Verstärkte er nun den Schutzschild an jener Stelle, an welcher der nächste Angriff der Götter wütete, musste er Energien an jenen Stellen abziehen, die von diesem Bereich nicht allzu weit entfernt waren. Da der Angriff der Götter stets an den dünneren Bereichen der Heliosphäre stattfand, war der Sternenmeister gezwungen, sein Inneres an anderer Stelle zu entblößen. Und es dauerte nicht lange, bis Luzifer das erkannt hatte.

Luzifer zog sich mit seinem Gefolge zurück und blieb lange in den Tiefen der Galaxie verborgen. Sie waren auf Gold aus und sie wussten, wo sie dieses finden konnten. Denn dieses Gold gab ihnen Macht und Kraft.

Sie raubten so viel Gold, wie sie nur irgendwie konnten und luden sich damit mächtig auf. Dann kehrten sie zurück und ihre List gelang.

Sie starteten einen heftigen Angriff gegen die Heliosphäre der Sonne, wie üblich an einer der dünneren und schwächeren Stellen. Mit einem hellen Aufblitzen ging dieser Angriff von statten, durch den Einsatz des vielen Goldes derart hell und grell, dass der Sternenmeister Ahau nicht erkannte, dass bloß ein einziger, nämlich Luzifer, diesen Angriff vortrug. Durch das grelle Aufblitzen hatte der Sternenmeister einen sehr harten Angriff vom gesamten Heer der Götter erwartet, doch genau darin lag die hinterlistige Täuschung. Der Angriff war zwar grell und pompös, aber absolut schwach. Der Sternenmeister bemerkte diese Finte zu spät.

Der Sternenmeister ließ sich täuschen und verstärkte an dieser Stelle rasch und mächtig seinen heliosphärischen Schutzschild, öffnete aber genau dadurch den Schild an einer anderen Stelle empfindlich. Und darauf hatte das Heer der Götter nur gewartet. Sie waren im Dunkel des kosmischen Raumes auf der Lauer gelegen und hatten mit gespannter Aufmerksamkeit beobachtet, was geschah. Sie hatten schon oft genug beobachtet, wie der Sternenmeister reagierte und errieten so schnell, an welcher Stelle er sich entblößen würde. Blitzschnell schlugen sie nun genau dort zu, trafen den heliosphärischen Schild tatsächlich an seiner schwächsten, an seiner am weitesten entblößten Stelle und durchschlugen ihn mit aller ihnen zur Verfügung stehenden Gewalt.

Die Heliosphäre riss auf, noch ehe der Sternenmeister erkannte, was eigentlich geschah. Ein gewaltiges Loch klaffte plötzlich in diesem bislang so undurchdringbaren Schild. Und die Götter strömten triumphierend in das Innere der Heliosphäre ein. Es blieb ihrem Anführer, Luzifer, ausreichend Zeit, um ebenfalls durch diese geschlagene Bresche einzudringen, ehe der Sternenmeister dies verhindern konnte.

Im Inneren der Heliosphäre nahm das kriegerische Heer der Götter rasch Kurs auf das Objekt ihrer Begierde, auf das Juwel des Sonnensystems, auf Gaia. Doch anstatt diese sofort in Besitz nehmen zu können, stießen sie auf unerwarteten Widerstand.

Gaias Widerstand

Gaia war keineswegs gewillt, sich dem Heer der einfallenden Götter widerstandslos zu unterwerfen. Selbst wenn gegenüber dieser kriegerischen Macht jede Gegenwehr letztlich als zwecklos erschien, wollte sie sich und ihre geliebten Kinder verteidigen, solange es ihr nur irgend möglich war.

Für die Götter präsentierte sich das Feld der Urmutter als unerwartet kraftvoll. Das Feld des Lebens und das Feld der Liebe, das Gaia um sich aufgebaut hatte, konnte von den gierigen Göttern keineswegs so ohne weiteres betreten werden. Gaias Schönheit war von der sinnlichen Liebe zu ihrem Geliebten durchdrungen, von einer derart ergreifenden kosmischen Liebe, dass sich um sie ein kraftvolles kosmisches Liebesfeld aufgebaut hatte, das nun beschützend wirkte.

Da das Ansinnen der Götter von Gewalt und Missbrauch durchdrungen war, von Frequenz- und Feldmustern also, die der

Gaia und in jenen Zeiten auch allem Leben auf ihr gänzlich fremd waren, gelang es den Göttern nicht, das sphärische Feld der Erde zu durchdringen. Bei den ersten Versuchen der Götter, in die irdischen Sphären einzutauchen, verglühten einige von ihnen in Gaias Atmosphäre. Wie oft die Götter ein Eindringen auch immer wieder versuchten, deren Wesen, deren Schwingungsmuster und deren eigenes Feld waren zu jenem der Gaia derart verschieden, dass ihre Angriffe stets scheiterten.

Nun befanden sie sich in der misslichen Lage, sich in unmittelbarer Nähe ihrer vermeintlichen Beute wiederzufinden, ohne auf diese zugreifen zu können. Die Götter wurden unruhig und sie sannen nach einer List, die ihnen Zugang verschaffen sollte.

Der Sternenmeister Ahau musste sich in dieser Zeit gänzlich zurückhalten. Er war an den kosmischen Kodex gebunden, nach dem er planetare Entwicklungen geschehen lassen musste, auch wenn solche sich dramatisch zuspitzen sollten. Er war solange an diese Zurückhaltung gebunden, solange sein eigener Auftrag dadurch nicht empfindlich gestört wurde. Er hielt inne, auch wenn er das Treiben der Götter mit unerbittlicher Aufmerksamkeit beobachtete. Nicht die kleinste Bewegung der Götter entging ihm und er studierte sie, studierte ihr Denken, ihren Wahnsinn, ihre Gewalttätigkeit und ihre Ängste. Er suchte nach ihren Schwächen und begann langsam diese auch zu erkennen.

Und es schmerzte ihn, wie sehr seine geliebte Tochter unter dem miesen Treiben der Götter zu leiden hatte.

Die Erde glich einer belagerten Festung. Und die Belagerer suchten fieberhaft nach Wegen, um in diese Festung endlich eindringen zu können.

Die Liebe der Gaia zu ihrem Geliebten, dem Sohn des Lichtes, war den Göttern keineswegs entgangen. Diese innige, sinnlich erotische, kosmische Liebe, diese Hingabe und Vereinigung mit dem Geliebten, die immer wieder vollzogen wurde, erschuf dieses kraftvolle Liebesfeld um Gaia, das für die Götter derart undurchdringbar war.

Diese Liebe aber erweckte im kranken Geist der Götter eine Eifersucht, die sie schier wahnsinnig machte. Manch einer von ihnen hatte einst, vor Äonen, diese Liebe selbst gekannt, selbst erlebt, selbst gefeiert, ehe der egozentrierte Wahn von Macht und Gewalt sich wie eine Krankheit in ihm ausgebreitet hatte. Sie hatten durch diesen Wahn zwar die Fähigkeit zur Liebe verloren, nicht allerdings ihre Erinnerung daran. An diese verlorene Liebe aber, die das Gegenteil war zu ihrer Unfähigkeit, sich dem Einklang mit dem Ganzen hinzugeben, an diese Liebe erinnerte sie das sinnliche Liebesspiel der Gaia mit dem Sohn des Lichtes jederzeit.

So suchten die Götter, den Liebenden in seinem Liebesspiel zu stören, ihn zu irritieren, ihn einzukreisen und von seiner sich entäußernden Hingabe abzubringen, doch ohne merkbaren Erfolg. Sie bekamen ihn nicht zu fassen, zu sehr war er vom Liebesfeld durchdrungen, um mit den Störungen der Götter in Resonanz zu gehen.

Die Götter wurden unruhig und Luzifer musste um seine Führerrolle bangen, sollte ihm nicht bald eine Idee kommen. Der vernichtende und zerstörerische Plan, den Luzifer seinem Gefolge vorlegte, blieb selbst unter den gewaltsamen Göttern nicht ohne Widerspruch. Es kam zum Streit unter den Göttern, den Luzifer mit seinem Befehl, diesen Plan sofort durchzuführen, endgültig beenden wollte.

Sein Plan kam der Vernichtung allen Lebens auf diesem Planeten gleich, dem allerdings nicht alle in seinem Gefolge gehorchen wollten. Denn gerade dieses Leben war der Schatz des Planeten, der Schatz, dem der Wille der Götter aufgezwungen werden konnte. Wenn es den Göttern nämlich gelang, das Leben auf diesem Planeten zu versklaven, wäre die für die Götter so nötige Energiezufuhr für lange Zeit gesichert.

Luzifer aber wollte seine Macht demonstrieren und befahl die Ausführung seines Planes. Nicht weit von der Erde entfernt, auf einer Bahn zwischen dem Mars und dem Jupiter, befand sich ein Asteroidengürtel. Tausende und Abertausende von Asteroiden umkreisten auf diesem Orbit die Sonne. Die Götter besaßen genügend Macht, um die Umlaufbahn eines Asteroiden zu beeinflussen. Mit etwas Geschick konnte es ihnen gelingen, einen riesigen Asteroiden derart aus seiner Umlaufbahn zu lenken, dass dieser mit der Erde kollidierte. Sie konnten mit geringem Aufwand einen Asteroiden zu einem Killergestirn umfunktionieren und so den Widerstand der Gaia ein für alle Mal brechen.

Das wäre nicht nur der Tod allen Lebens auf Erden, sondern auch der Tod Gaias. Alles Leben, das Gaia nun seit Jahrmillionen und Jahrmilliarden aus dem großen galaktischen Raum angezogen und stofflich geboren hatte, würde seine Lebensgrundlage verlieren. Eine massive galaktische Unruhe würde daraus erwachsen, denn viele der Lebewesen gehörten jungen Spezien an, die noch keineswegs reif waren, um den kosmischen Raum frei zu durchwandern. Verliert solch eine junge Spezies ihren planetaren Lebensraum mit einem Schlag, entsteht nicht nur eine gewaltige Schockwelle, die einen Großteil der erlangten Erfahrungsfelder zerstört, sondern auch eine Heimatlosigkeit, für die möglichst rasch eine Lösung gefunden werden müsste.

Dieser Plan des Luzifers verstieß willentlich gegen das kosmische Grundgesetz allen Lebens, das wusste nicht nur er selbst, sondern auch jeder in seinem Gefolge. Und dennoch war er gewillt, diesen brutalen Weg einzuschlagen, nur um Gaias Widerstand zu brechen und sich seine eigene Führerrolle zu sichern.

Der zweite Angriff

Luzifer setzte sein Gefolge auf einen Asteroiden an, der einen Durchmesser von nahezu 100 Kilometern hatte. Würde dieser mit der Erde kollidieren, würde der Planet auseinander brechen. So wäre es den Göttern ein Leichtes, sich an den inneren Schätzen des Planeten und vor allem an dessen Goldvorkommen zu bereichern.

Eine magere Ausbeute für den Aufwand, den sie bislang betrieben hatten, um hierher zu gelangen, meinten jene, welche die reichen Möglichkeiten auf diesem lebendigen Planeten vor Augen hatten. Der einzige Weg aber, um überhaupt Beute machen zu können, meinten jene, die vor Eifersucht noch wahnsinniger geworden waren und für die erlittene Liebesschmach sich nur noch rächen wollten.

So versammelte sich die uneinige Schar der Götter an dem von Luzifer angezeigten Asteroiden. Sie versuchten die Bahn dieses Gestirns zu verstehen, um im rechten Moment den entscheidenden Impuls setzen zu können, den Impuls, der ihn auf Kollisionskurs mit der Erde bringen sollte. Sie mussten die Bewegungskurve in einem recht steilen Winkel abändern, um die Erde damit treffen zu können.

Und dann kam der entscheidende Moment.

Durch ein grelles Aufblitzen ihrer Macht versetzten sie dem riesigen Asteroiden einen gewaltigen Stoß. Planmäßig löste er sich aus dem Asteroidengürtel heraus und bewegte sich in Richtung Gaia. Doch noch ehe dieser den Asteroidengürtel gänzlich verließ, kollidierte er mit einem zweiten, wesentlich kleineren Asteroiden, der unter dem gewaltigen Aufprall sofort in tausende Einzelteile zerbrach. Es war wohl die Uneinigkeit der Götter, die zu diesem Konzentrationsfehler führte, wodurch das gesamte Unternehmen eine unerwartete Wendung nahm.

Durch diesen Zusammenprall nämlich geriet der riesige Asteroid ein klein wenig aus seiner vorgesehenen Zielrichtung. Er bewegte sich zwar auf die Erde zu, doch war bald klar, dass er sein Ziel verfehlen würde.

Luzifer zürnte und geriet außer sich vor Wut. Er erkannte sehr wohl, dass der Zweifel an seiner Führungsrolle und der Zweifel am Sinn dieses Unternehmens zu diesem Fehler geführt hatte. Seine Wut entlud sich gegen sein Gefolge und hatte auf diese eine lähmende, eine paralysierende Wirkung. Durch seinen Zornesausbruch waren sowohl er, als auch die Götter unfähig, dem Asteroiden doch noch jene korrigierenden Impulse zu versetzen, um ihn wieder auf Kollisionskurs zu bringen.

Der Asteroid verfehlte die Erde bei weitem. Durch seinen steilen Bewegungswinkel raste er an der Erde vorbei und drang tiefer ins Innere des Sonnensystems vor, wo er schließlich von der Schwerkraft der Sonne erfasst wurde. Der Sternenmeister, der dieses wahnsinnige Treiben fassungslos beobachtet hatte, musste nun das aus seiner Bahn geworfene Gestirn unschädlich machen. Der als Killergestirn umfunktionierte Asteroid raste mit enormer Geschwindigkeit auf die Sonne zu. Mit gewaltiger Wucht prallte er am stellaren Körper des Sternenmeisters auf, während

Luzifer und seine Götterschar wie gebannt und mit steigendem Unbehagen das Geschehen verfolgten.

Dass der Asteroid die Sonne getroffen hatte war eine massive Verletzung der solaren Integrität. Sie wussten, dass dies nicht ohne Folgen bleiben würde. Und sie ahnten bereits, dass dies den Ausschlag für eine baldige, gänzlich unerwünschte Antwort vom Sternenmeister Ahau geben würde.

Die Verbannung

Bislang hatte der Sternenmeister die Ereignisse rund um seine geliebte Tochter Gaia stillschweigend dulden müssen, ohne direkt eingreifen zu können. Er war an das galaktische Zurückhaltungsprinzip gebunden gewesen. Doch nun wendete sich das Blatt und er verspürte den Wahnsinn des luziferischen Treibens brennend an seinem eigenen Leib. Der Wahnsinn der Götter machte diese offenbar zu allem fähig, auch dazu, Gestirne bewusst aus ihrer kosmischen Bahn zu stoßen. Die Götter schreckten offensichtlich selbst vor einer bewussten Zerstörung unentwickelter Spezien bis hin zur Zerstörung eines gesamten Planeten nicht zurück.

Würde aber dieser wunderbare Planet Gaia, seine geliebte Tochter, der zerstörerischen Gewalt der Götter anheim fallen, käme dies ihrer Ermordung gleich. Sie würde ihre stoffliche Form, ihren planetaren Körper verlieren und könnte ihre Bestimmung, Leben zu gebären, nicht mehr erfüllen. Damit würde nicht nur der zentrale Sinn des Planeten Erde, sondern auch jener des gesamten Sonnensystems enden. Der dem Sonnensystem übertragene galaktische Auftrag könnte keineswegs mehr auch nur annähernd vollendet werden.

Die Zerstörung der Perle des Sonnensystems hätte auch das Ende jenes solaren Liedes bedeutet, das der Sternenmeister für den galaktischen Raum zu singen hatte. Der Sternenmeister Ahau wäre verstummt, was einer massiven Störung im galaktischen Gefüge gleichkam. Und das berechtigte ihn nun dazu, endlich einzugreifen!

Wie erstarrt verharrten die Götter dort, wo sie den Asteroiden aus seiner Bahn gerissen hatten. Der Schrecken war ihnen in ihre Glieder gefahren und sie wussten nicht, wie sie reagieren sollten. Sie blickten erwartungsvoll auf ihren Anführer, doch auch Luzifer verharrte nur in einer erschreckend gebannten Starre und blickte wie hypnotisiert in die Sonne. Das persönliche Feld, das ihn umgab und das ihn sonst so unnahbar und kalt erscheinen ließ, veränderte sich schlagartig in einer Art, welche die Götter nicht zu deuten wussten. Luzifer war wie in Trance, reagierte auf nichts mehr und starrte bloß gebannt in die Sonne.

Der Sternenmeister Ahau nahm den gewaltigen Aufprall des riesigen Asteroiden geschickt in sich auf. Das Killergestirn verglühte augenblicklich und entfachte auf der solaren Oberfläche einen gewaltigen Feuersturm. Er, Ahau, der weise stellare Alchemist war nun vollkommen in seiner Kraft. Er wusste, wie er die Elemente nutzen und wie er sie lenken konnte. Er verdichtete die gigantischen Energien des aufbrausenden Feuersturms zu einer konzentrierten Gestalt. Er verdichtete diese Energien an einem einzigen Punkt, während er die Götter und vor allem ihren Anführer, Luzifer, mit voller Aufmerksamkeit im Auge behielt.

Durch seine fokussierte Gegenwärtigkeit hatte der Sternenmeister das innere Wesen Luzifers bereits erreicht. Er war mit seinem konzentrierten Blick in dessen Wesen bereits eingedrungen und wusste, dass es für Luzifer kein Entrinnen mehr gab.

Dieser verharrte in seinem Bann und es gab nichts, was ihn daraus hätte befreien können.

Die konzentrierten Energien des Feuersturms stieß der Sternenmeister in einer gigantischen Eruption von seinem solaren Körper aus. Eine riesige Blase aus intensivst geladenem Plasma strömte von der Sonnenoberfläche aus und formierte sich zu einer spiegelnden Scheibe von enormem Ausmaß. Diese Scheibe richtete der Sternenmeister genauestens aus wie eine höchst komplexe galaktische Parabolantenne.

Inmitten dieses spiegelnden kosmischen Gebildes entstand ein gigantisches Licht, dessen zentraler Strahl genau jenen Ort traf, an dem die Götter gebannt und bewegungslos verharrten. Das Licht, das von dieser spiegelnden Scheibe ausstrahlte, war das reine Licht der kristallenen Klarheit, das Licht, das alles durchdringt, alles ausstrahlt und nichts mehr im Verborgenen belässt, nichts Geheimes mehr duldet.

Den Göttern gelang es, sich vor diesem Licht zu schützen. Völlig planlos zerstoben sie in allen Richtungen davon, nicht aber ihr Anführer. Luzifer blieb im Bann des Geschehens gefangen und verharrte. Er ließ das, was nun geschah, über sich ergehen.

Das gigantische Licht der kristallenen Klarheit durchbrach den Schutzschild des bereits erweichten luziferischen Feldes, den Schutzschild des Feldes der kranken Egoformen und der Gewaltsamkeit. Das kristallene Licht drang in dieses eisig eiserne Feld mit schmelzender Kraft ein und setzte dort, im Inneren dieses Feldes, völlig andere Impulse frei, Impulse mit heilsamen, mit heilenden Informationen.

Durch diese andersartigen, zur Angst gänzlich konträren und gleichzeitig klaren und kraftvollen Informationen brach das diabolische Feld an einer Stelle gänzlich auf. Das gesamte eiserne Angstfeld Luzifers wurde mit einem Schlag spröde und jener

Mechanismus, mit dem sich das Angstfeld ständig selbst reproduzierte, geriet außer Kontrolle. Das setzte eine gigantische Kettenreaktion frei, welche das Egofeld schließlich völlig destabilisierte.

Die enorm verdichteten Gewaltformen der Egozentriertheit zerbarsten aufgrund dieser Instabilität allmählich gänzlich. Noch einmal bäumte sich das Egofeld Luzifers gegen das kristallene Licht auf. Es zuckten gewaltige Blitze aus seinem Inneren auf, Blitzstürme, die wütend und blindlings um sich schlugen und mit einem gewaltigen letzten Aufschrei verebbten. Dann stürzte dieses Feld unheimlich rasch völlig in sich zusammen.

Luzifer erwartete, dass nun das geschehen würde, wovor er die größte Angst hatte: Das Erlöschen seiner gesamten Existenz.

Doch nichts dergleichen geschah…

Er fühlte sich plötzlich klein, sehr klein und völlig entblößt. Er fühlte sich wie ein Ritter, dem seine schwere eiserne Rüstung mit einem Schlag genommen worden war. Er fühlte sich unendlich hilflos und erwartete den tödlichen, den endgültigen Schlag gegen ihn.

Doch nichts dergleichen geschah…

Er fühlte sich nackt und ihm war kalt. Er fror zutiefst. Als kleines, machtloses Wesen kehrte er allmählich zurück aus seinem Wahn, dem er seit Äonen verfallen gewesen war. Er kehrte zurück in das galaktische Netz der allumfassend gegenwärtigen Wärme der großen Galaktischen Mutter. Sie, die Galaktische Mutter, wusste, dass hier und jetzt etwas Großartiges, etwas Wesentliches geschehen war. Er, Luzifer, hatte sich einst, vor sehr langer Zeit, selbst zu diesem Experiment bereit erklärt. Zu jenem Experiment, dass darin bestanden hatte, dass ein sehr mächtiges galaktisches Wesen, wie er eines war, in einen diabolischen, gänzlich trennenden Wahn verfiele. Jenes Experiment, das darin bestanden hatte, einen mächtig diabolischen Geist aus seinem Wahn wieder zu erwecken. Denn nur dann, wenn das gelänge, nur dann, wenn die dafür nötigen Erfahrungen gesammelt werden konnten, nur dann war die Galaxie bereit für das, worauf sie sich allmählich vorzubereiten hatte.

Er, Luzifer, war aus diesem Wahn nun erwacht. Und sie, die Große Galaktische Mutter, berührte ihn. Noch fror er, noch fühlte er sich nackt und verloren, doch allmählich begann die Wärme der allgegenwärtigen galaktischen Liebe zu seinem Wesen wieder vorzudringen. Ganz langsam wurde diese Wärme für ihn spürbar!

Er fühlte…

Ja er fühlte plötzlich wieder!

Er spürte und fühlte.

Er hatte ganz vergessen, dass es ein Spüren und Fühlen überhaupt gab. Seit Äonen hatte er das nicht mehr erlebt.

Und nun war es wieder da.

Und dann begann er sich zu erinnern.

Er sah vor seinem geistigen Auge, was geschehen war. Und das, was er da sah, konnte er anfangs gar nicht glauben, zu unwirklich erschien es ihm, zu tief vergraben war das Geschehene, zu massiv verdrängt war das, woran er sich nun erinnerte.

Er sah, wie einst in der Mitte der Galaxie ein Auftrag von galaktischer Bedeutung an ihn ergangen war, an ihn und an sie. Wer war sie? Liebte er sie? Was war Liebe?

Er fragte den weiten galaktischen Raum, was Liebe wäre. Und als Antwort auf diese Frage sah er den sinnlich erotischen Liebestanz der Gaia mit ihrem geliebten Sohn des Lichtes, er sah die kosmische Vereinigung, durch die Leben entstehen konnte.

Hatte er selbst diese Liebe einst gekannt?

Und wo war sie, die ihn begleiten sollte, geblieben?

Er verspürte einen unglaublichen Stich, als er sich diese Frage stellte, erhielt aber darauf keine Antwort. Noch nicht. Sein eigener Geist gab ihm diese Erinnerung jetzt noch nicht frei.

Er wusste aber, dass die Antwort auf die Frage nach seiner verlorenen Gefährtin das zentrale Mysterium seiner künftigen Existenz war. Er erkannte, dass das Thema der Liebe von ihm selbst in einer massiven Weise entartet worden war. Er verstand, dass diese Entartung durch Besitz und Kontrolle zustande gekommen war und er erkannte, dass diese Energien, Besitz und Kontrolle, wohl jedes Liebesfeld zerstörten. Das zu erkennen und das in sich selbst zu heilen, darin bestand nun sein eigener Weg!

Nur vage erinnerte er sich, was danach geschehen war. Er sah, dass er mit gigantischen Lichtmassen ausgestattet den galaktischen Raum durchquerte, begleitet von ihr, deren Namen er nicht mehr wusste. Sie durchwanderten den weiten galaktischen Raum und das Ziel ihrer Reise war der Ort des sich drehenden Lichtes. Dorthin hätte er, Luzifer, der Lichtträger, gemeinsam mit ihr, dieses Licht bringen sollen. Das war sein galaktischer Auftrag, der ihm vom Galaktischen Zentrum selbst übertragen worden war.

Dann sah er, wie auf seiner unendlich weiten Reise von diesem Licht Wesen angezogen worden waren, die sich nach Heilung sehnten. Es ging um die Heilung der Liebe, um die Heilung ihrer Liebesfähigkeit, um das Wiederfinden der verlorenen Liebe und um das Auftauchen aus einer traumatischen Hypnose, die in diesen Wesen zu einer maßlosen Verwirrung geführt hatte. Diese Wesen waren krank und sehnten sich nach Heilung, daran erinnerte er sich nun genau.

Er, der Lichtträger und sie, seine Gefährtin, nahmen diese Wesen in ihr eigenes Energiefeld mit auf. Sie waren überzeugt, dass sie diese würden heilen können. Doch es kam offenbar ganz anders.

Es waren wohl zu viele, die von ihnen aufgenommen worden waren. Denn sie, die vermeintlichen Heiler, erkrankten allmählich selbst. Auch sie selber wurden von jenem Irrsinn der kranken Wesen befallen. Der galaktische Auftrag, das Licht an den Ort des sich drehenden Lichtes zu bringen, verlor sich und geriet allmählich in Vergessenheit. Jene Krankheit aber, die in ihrem Wesen aufgegangen war wie eine sich überall hin ausdehnende Entzündung, diese Krankheit vernebelte ihren Geist allmählich vollkommen.

Der Lichtträger versuchte sich weiter zu entsinnen, doch stieß er hier an eine traumatische Blockade in seinem Erinnerungsvermögen. Er wusste nicht mehr, was danach geschehen war, er wusste bloß, dass dies etwas außerordentlich Dramatisches gewesen sein musste. Denn danach hatte er offenbar die von ihm so sehr Geliebte verloren…

Im nächsten Bild, das Luzifer sah, erkannte er sich selbst in Begleitung der verwirrten und kranken Geister, die sich selbst Götter nannten. Dies waren jene kranken Wesen, die von seinem Licht und von dem seiner Gefährtin angezogen worden waren. Jene Wesen, die sich nach Heilung gesehnt hatten, doch stattdessen ihren eigenen Wahnsinn infizierend auf den Geist Luzifers übertragen hatten.

Diese Götter wähnten sich selbst plötzlich als geheilt, doch anstelle der Heilung ihrer Verletztheiten hatten sie einen massiven Panzer egozentrierter Überheblichkeit um sich aufgebaut. Sie empfanden sich auf einmal als etwas Besseres. Sie meinten irriger Weise, dass sie durch das Licht Luzifers, das sie gierig in sich aufgesogen hatten, nun über allen anderen Wesen der Galaxie stünden. Und sie sahen allmählich sich selbst als die einzigen wahren Götter der Galaxie oder gar des gesamten Universums!

Er selbst, Luzifer, war zum Anführer dieser Götter geworden. Jene gigantischen Lichtmassen, die Luzifer seinem galaktischen Auftrag gemäß an den Ort des sich drehenden Lichtes hätte bringen sollen, diese Lichtmassen hatten er und die Götter sich genommen und verbraucht. Sehr mächtige, täuschend glänzende und innen hohle Egos hatten sie sich daraus erschaffen. Egos, die das Licht verbrauchten, Egos, die ständig nahmen, ohne etwas zurück zu geben. Egos, die nahmen, ohne zu fragen. Sie hatten diese Egos erschaffen, um die eigenen Verletzungen zu übertönen, zu verdrängen, anstatt zu heilen.

Nachdem diese gigantischen Lichtmassen zur Neige gegangen waren, revoltierten die von ihnen selbst erschaffenen Egostrukturen wie Drogensüchtige, die nur noch die Befriedigung ihrer Sucht kennen und dafür vor nichts zurückschrecken. Ihre Egos verlangten nach neuem Licht, nach neuer Energie, nach neuem Glanz. Und da sie den Einklang mit dem Universum, den Einklang mit der großen Galaktischen Mutter längst verloren hatten, entzog sich ihnen die allgegenwärtige kosmische Energie. Sie waren von dieser Energie jederzeit umfassend umgeben, konnten diese aber weder erkennen, noch irgendwie nutzen.

So streiften sie raubend und plündernd durch den galaktischen Raum.

Anstelle das Licht, das Luzifer an sein Ziel bringen sollte, trug er nun einen strahlenden Panzer egozentrierter Überheblichkeit mit sich, einen Panzer, der ihn selbst vom Wesentlichen, vom Einklang mit dem Gesamten, vom Einklang mit der Galaktischen Mitte, vom Einklang mit der großen Galaktischen Mutter vollkommen trennte. Er war in Wahrheit unendlich einsam, fühlte sich aber gleichzeitig wie ein allmächtiger Gott, dessen Willen sich alle zu beugen hätten! Und jene Götter, die ihn, ebenfalls strahlend, umgaben, bestärkten ihn darin.

Die Bilder jener plündernden Streifzüge stiegen in Luzifers Geist wieder hoch. Das Ziel seiner Mission, den Ort des sich drehenden Lichtes, den hatte er gänzlich aus dem Sinn verloren.

Der Ort des sich drehenden Lichtes.

Wo befand dieser Ort sich eigentlich?

Irgendeine Stimme in ihm meinte, dass er sich jetzt genau dort befände. Genau dort war er angekommen, ohne sich dessen bewusst zu sein. Das Reich des Sternenmeisters Ahau, dieser galaktische Raum, das war der Ort des sich drehenden Lichtes. Er hatte ihn also doch erreicht, wie ein Betrunkener, der rein zufällig und dahinstolpernd an sein Ziel gelangt war.

Er war also angekommen. Aber das Licht, das er hierher hätte bringen sollen? War es verbraucht und für immer verloren? Etwas in ihm verneinte diese Frage.

Luzifer erwachte aus seiner Innenschau und fand sich im Asteroidengürtel zwischen dem Mars und dem Jupiter wieder, umhüllt von einem kristallenen Licht, das vom Sternenmeister Ahau ausgesendet worden war und ihn aus seiner traumatischen Hypnose erweckt hatte. Er, Luzifer, der Lichtträger, war nun erwacht, hatte aber nicht die geringste Idee, was er nun tun sollte. Er wusste nur, dass er, dass sein Geist nachhaltiger und tiefgreifender Heilung bedurfte, ehe er seinen tatsächlichen galaktischen Seelenauftrag wieder aufnehmen konnte.

Der Sternenmeister las seinen Gedanken und sprach ihn darauf an.

Die Stimme des Sternenmeisters hatte plötzlich eine ganz andere Wirkung auf ihn. Hatte sie ihn, als er sich noch im Zustand seines Wahnsinns befunden hatte, ständig gereizt und aggressiv gemacht, empfand er sie jetzt als beruhigend und sogar liebevoll. Der Sternenmeister sagte nicht viel, sondern zeigte ihm einen Ort, an dem er die ersehnte Heilung würde finden konnte. Es war dies ein Planet mit auffallender Schönheit, der Planet der Liebe, der Harmonie, der Schönheit und der Heilung. Es war die Venus, die geliebte Schwester der Erde. Der Sternenmeister wies ihm diesen Ort zu. Dort würde er heil werden können. Dort würde er sich erinnern. Und von dort würde er seinen Auftrag erfüllen können.

Luzifer nahm diesen planetaren Ort als seine Heilungsstätte gerne an. Hätte er dies vor kurzem noch als Verbannung empfunden, spürte er nun etwas ganz anderes in sich: Dankbarkeit.

Gaias Aufschrei

Einige Jahrtausende waren seit jenen Ereignissen vergangen. Luzifer, der Anführer der Götter, war von seinem Wahnsinn befreit worden. Mit den Göttern selbst aber hatte es sich gänzlich anders verhalten. Ihnen war es gelungen, die Herrschaft über das Leben auf Erden zu erlangen, besonders die Herrschaft über den Menschen. Der Mensch war zum Sklaven der Götter geworden, ohne sich dessen bewusst zu sein. Die Götter hatten eine getarnte, versteckte Sklaverei etabliert. Der Mensch agierte und reagierte genau so, wie es jenen in den Menschen implantierten Programmen entsprach, meinte aber unterdessen, frei zu sein und fähig zu sein, freie Entscheidungen zu treffen.

Die Götter hielten den Menschen wie Nutzvieh, das selbst nicht merken sollte, dass es lediglich ausgebeutet wurde und bloß als lebendiger Energielieferant der wahnsinnigen, aber klugen

Götter funktionierte. Wer in diesem Spiel nicht funktionierte, der musste ausgeschalten, der musste vernichtet werden. Und es war der marionettenhaft funktionierende Mensch selbst, der diese Aufgaben als Hüter des „Gesetzes“ mit Überzeugung und mit unbarmherziger Härte übernahm.

Der riesige Schmerzensschrei der Erdenmutter Gaia hatte nicht nur eine gigantische Flutwelle ausgelöst, sondern auch das Herz des Sternenmeisters Ahau aufgewühlt. Die Ereignisse auf Gaia hatten sich dramatisch zugespitzt. Eine globale und lückenlose Herrschaft der Götter, die sich inzwischen geschickt getarnt hatten, drohte. Wenn dies gelänge, wäre das Projekt Menschheit zum Scheitern verurteilt. Es gäbe keine Entwicklung mehr, der Mensch könnte niemals zu jenem großen kosmischen Wesen werden, zu dem er auserkoren war. Das Feld der Angst und Gewalt wäre derart weltumspannend mächtig, dass es kaum mehr eine Hoffnung auf einen Wandel gab.

Der Schmerzensschrei der Gaia galt aber vor allem dem Kriegsfeld der Angst und der Gewalt selbst, das ihr bald unerträglich zu werden drohte. Dieses Angstfeld stand in einer unerträglichen Diskrepanz zu jenem heilen Feld, zu jener Heilen Matrix, die von Gaia selbst erzeugt wurde. Dieses heile Feld, diese Heile Matrix war die Matrix des Lebens, die Matrix des Einklangs von allem Lebendigen mit der Mutter Erde, die Matrix der freien Liebe und dadurch die Matrix des Friedens.

Die Diskrepanz, die zwischen der entarteten Angstmatrix der Götter und der Heilen Matrix der Gaia immer massiver wurde, erzeugte ein Spannungsfeld, an dem Gaia zugrunde zu gehen drohte. Der Mensch, der sich aufgrund seiner nahezu vollkommenen geistigen Verwirrung wie ein Krebsgeschwür unnatürlich rasant und krankhaft vermehrt hatte, verbreitete seinen Wahnsinn über die gesamte Erde. Es war aber nicht nur die weltweite Ausdehnung des Angst- und Gewaltfeldes, die der Mensch gewissenhaft im Auftrag der Götter vollzog. Es war auch die Zerstörung und Vernichtung des hochkomplexen und faszinierenden organischen Gewebes der Erde, die Ausbeutung der Erde, ihrer Bodenschätze, ihres fruchtbaren Bodens, ihrer Wälder, ihrer Schönheit und die mörderische Behandlung der Tierwelt, welche der Erde schmerzen bereitete. Er, der Mensch, saugte durch seine krankhafte Vermehrung die wunderschöne Biosphäre dieses Planeten aus, ohne zu fragen, ohne die geringste Achtsamkeit, erbarmungslos und lieferte die dadurch umgesetzte Energie an jene Götter ab, die ihn versklavt und die ihm dies aufgetragen hatten.

Der Aufschrei Gaias erschuf eine Flutwelle, die sich bis in den kosmischen Raum hinein ausgebreitet hatte. Und dieser Aufschrei seiner geliebten Tochter, die ihren Schmerz bislang so tief in sich verborgen gehalten hatte, wühlte das Herz des Sternenmeisters massiv auf. Denn erst jetzt erkannte er das wahre Ausmaß jener Gefahr, die in dieser Entwicklung lag.

Gaia hingegen spürte in diesem Moment lediglich den Schmerz und die Trauer, welche diese Entwicklungen ihr bereiteten. Er, der Sternenmeister Ahau erkannte aber die Gefahr, die darin lag. Und diese war eine Bedrohung für das gesamte Sonnensystem!

Die erste Bedrohung war das mögliche Kippen der irdischen Biosphäre. Das konnte dann geschehen, wenn die krankhaft übermäßige Vermehrung des Menschen mit der immer massiver werdenden Auszehrung der irdischen Bodenschätze weiter derart rasant voranschreiten würde. Ein massiver Schutzmechanismus der Erde könnte dadurch ausgelöst werden, ein Schutzmechanismus, der sich in Form apokalyptischer Naturkatastrophen äußern würde. Ob die Menschheit das überleben konnte, war fraglich. Sicher war, dass sie dadurch in ihrer Entwicklung massiv zurückgeworfen würde. Gleichzeitig könnte aber solch ein globaler Neuanfang auch als eine riesige Entwicklungschance erkannt werden.

Das war allerdings noch gar nicht das Hauptproblem.

Die tatsächliche Bedrohung war eine unsichtbare Gefahr, die tatsächliche Bedrohung war die hoch geladene und immer stärker werdende Spannung im Matrixfeld. Die Götter hatten das Angstfeld etabliert und waren drauf und dran, es weltweit massiv zu stabilisieren, es gar vollkommen unantastbar zu machen. Die Götter hatten immer schon vehement danach getrachtet, das Feld der Angst und der Gewalt als alleiniges und einzig wirksames Feld der Erde aufzuzwingen, waren daran aber jedes Mal gescheitert. Sie, Gaia, konnte Angst und Gewalt niemals als allgemein gültiges Feld erdulden oder dieses gar in sich selbst integrieren, selbst wenn sie dies wollte. Denn sie war ihrem Wesen nach vollkommen eins mit der Heilen Matrix, der Matrix des Einklangs. Gaia sang die Lieder der Heilen Matrix, jederzeit.

Die Götter waren daher dazu übergegangen, das Feld der Heilen Matrix und die heiligen Lieder der Gaia durch ihr technisches und ihr mentales Geschick dauerhaft zu übertönen. Das Feld der Angst sollte lückenlos über dem Feld der Heilen Matrix liegen, sodass der Mensch von der Heilen Matrix vollkommen abgelöst, vollkommen getrennt wurde und ihm ein erneuter Zugang zu diesen heilen Feldern weltweit vollkommen und dauerhaft unterbunden wurde. Dazu waren sie nun, mit der tatkräftig technischen und mentalen Unterstützung des Menschen selbst, in der Lage. Dieses Globalisierungsprojekt war bereits angelaufen und lief auf Hochtouren.

Die Matrix der Gewalt sollte wie ein Kettenhemd, wie ein eiserner Panzer über der gesamten Erde liegen und ihre eigenen Lieder, die Lieder der Heilen Matrix, vollkommen abdämmen, unterdrücken, unzugänglich machen. Dieses Ziel lag für die machtbesessenen Götter nun in greifbarer Nähe.

Was die Götter aber nicht wussten, war, dass solch ein Vorhaben eine unvorstellbar massive Spannung im Erdenkörper erzeugen würde. Eine Spannung, welche die Erdenmutter jetzt bereits als massiven Schmerz verspürte, ohne selbst den tatsächlichen dramatischen Ernst der Lage wirklich zu erkennen.

Diese Spannung würde sprunghaft ansteigen und konnte dazu führen, dass der gesamte Planet Erde zerbarst. Der gesamte Planetenkörper drohte unter dieser massiven Spannung tatsächlich zu zerbrechen! Dieser wunderschöne planetare Körper würde unter dieser schweren Spannung in einer Welle gigantischer Explosionen zersplittern. Tausende und abertausende Bruchstücke wären dann die traurigen kosmischen Überreste dieser einstigen planetaren Schönheit und würden zwischen der Venus und dem Mars einen neuen kargen Asteroidengürtel bilden.

Und genau das durfte nicht geschehen, niemals.

Genau diese Bedrohung aber berechtigte den Sternenmeister Ahau dazu, abermals einzugreifen. Und er sah einen Weg, wie er das tun könnte.

Der Sonnensturm

Der Sternenmeister erkannte nur einen Weg, wie diese galaktische Katastrophe zu verhindern wäre. Und er zeigte Gaia, seiner geliebten Tochter, auf ihre Zustimmung hoffend, wie eine mächtige und nachhaltige Reinigung der irdischen Felder sich vollziehen könnte.

Der Sternenmeister zeigte auf, wie er den neuen Zyklus seiner solaren Aktivitäten gestalten wollte. Dies sollte ein Zyklus werden, der sich gänzlich anders verhielt und auf einen zentralen Punkt konzentriert, auf ein galaktisch bedeutsames Ereignis ausgerichtet war. So hielt er viele Monate hinweg seine Aktivitäten an Sonneneruptionen und Sonnenwinden fast gänzlich zurück. Der Beginn dieses Zyklus war außergewöhnlich ruhig. Doch dieses Stillehalten war keineswegs eine Abnahme seiner Kraft, sondern vielmehr die Ruhe vor dem großen, entscheidenden Sturm und eine gezielte Sammlung seiner Kräfte.

Und dann war es schließlich soweit!

Eine gigantische Sonneneruption entlud sich in nur einem einzigen Moment, ein enormer Auswurf solaren Plasmas strömte mit rasanter Geschwindigkeit in den kosmischen Raum ein. Dieser plötzliche und für sämtliche Beobachter vollkommen unerwartete Ausbruch zerriss förmlich den die Sonne umgebenden kosmischen Raum. Eine Plasmawolke in noch nie da gewesener Intensität und Größe bahnte sich den Weg in Richtung Erde, ein rasender Sonnensturm von mächtig feuriger Energie, bestehend aus Myriaden von Photonen und heißen Gasen.

Mit Schrecken wurde diese gigantische Sonneneruption auf der Erde beobachtet. Noch niemals war der Ausbruch eines derartig massiven Sonnensturms aufgezeichnet worden. Jene Astrophysiker, welche die Massivität dieses solaren Ausbruchs erkannten, erstarrten vor Schreck.

Trotz sofortiger Abschaltung aller via Internet öffentlich zugänglichen Sonnensatteliten, trotz Löschung und Retuschierung aller bereits auf den NASA und ESA-Seiten downloadbaren Fotos von diesem gigantischen Ausbruch auf der Sonne und trotz sofortiger Nachrichtensperre hatte sich die Nachricht dieses gigantischsten Sonnensturms aller Zeiten rasant um die gesamte

Welt verbreitet. Sämtliche Nachrichtensender waren durch die im Internet nicht zu stoppende Verbreitung dieser Nachricht dazu gezwungen, auch selbst Berichte darüber zu verfassen. Doch sie setzten alles daran, die tatsächliche Tragweite dieses Ereignisses so gut es ging herunter zu spielen.

Dennoch wurde die Menschheit sichtlich nervös, was sich durch gigantische Kursstürze an den Börsen und durch erste Panikkäufe von Lebensmitteln und Treibstoffen ausdrückte. Auch Panikkäufe von Gold und Goldmünzen pushten den Goldpreis innerhalb weniger Stunden in astronomische Höhen, während sich die Treibstoffpreise an den Zapfsäulen innerhalb eines einzigen Tages um beinahe die Hälfte verteuerten.

Es gab bereits 24 Stunden nach dieser Eruption die ersten Versorgungsengpässe an Lebensmitteln und die ersten Unruhen und Ausschreitungen in den großen Städten und Ballungszentren.

Dann, 42 Stunden nach dieser Eruption, trafen die ersten Vorboten des Sonnensturms auf der irdischen Atmosphäre auf. Die Massivität und Kraft, die dieser Plasmasturm in sich trug, riss die meisten erdnahen Satteliten aus ihrer Bahn. Es war unmöglich, sie unter Kontrolle zu bringen, zu mächtig war die Kraft des Sturms, zu massiv war die Störung der Funkverbindungen. Wie ein plötzlich auftretender Schwarm von Sternschnuppen verglühten die Satteliten in der irdischen Atmosphäre. All jene, die bislang den beschwichtigenden Nachrichten der Medien geglaubt hatten, gerieten nun vollends in Angst und Schrecken und reagierten mit ansteckender Panik und Kopflosigkeit.

Die Zerstörung der Satteliten brachte den Ausfall der meisten TV-Sender und den Ausfall sämtlicher Navigationssysteme mit sich. Es wurde plötzlich sehr ruhig auf den Bildschirmen der TV-Geräte, eine gespenstische und unheimliche Ruhe, der eine sonderbare Orientierungslosigkeit folgte. Der Großteil der Menschen wusste nicht mehr, was sie denken sollten. Denn niemand war mehr da, der ihnen das Geschehen erklärte, niemand war mehr da, der ihnen die Wirklichkeit interpretierte.

Die Reaktionen der Menschen waren recht unterschiedlich. Manche verharrten wie unter Hypnose und in stiller, unterdrückter Panik. Andere wurden aggressiv und versuchten an sich zu reißen, was sie nur kriegen konnten. Andere wurden gewalttätig und entluden so die in ihnen lebenslang angestaute Wut gegen die Unterdrückung ihrer unerfüllten Sehnsüchte, ohne zu wissen, gegen wen sie diese Wut eigentlich richten sollten. Die Welle der Gewalt baute sich vor allem in den lebensfeindlich angelegten Städten und Großstädten auf, dort, wo der Mensch seit Jahrhunderten wie besessen am Aufbau und an der Aufrechterhaltung einer entarteten Lebensform gearbeitet hatte.

Nur wenige unter den Menschen blieben ruhig und gingen dorthin, wo sie wirklich Halt finden konnten. Diese wenigen Menschen aber suchten ruhige Plätze auf, Orte, an denen sie ihrer Urmutter, Gaia, nahe sein konnten. Dort fanden sie Trost, Halt und Orientierung. Und dort erlebten sie etwas Überraschendes. Das von künstlicher elektromagnetischer Verunreinigung plötzlich und umfassend frei gewordene Feld war auf einmal wesentlich offener und freundlicher geworden. Auch wenn die panikartige Angst den Großteil der Menschheit ergriffen hatte und natürlich weltweit spürbar war, hatte dieses gesamte Geschehen etwas sonderbar Befreiendes und Reinigendes an sich. Wer immer aus freiem Herzen und mit offenem Geist sich mit der Natur, mit der Urmutter Gaia oder mit der Gesamtheit allen lebendigen Seins verbinden wollte, konnte dies in einer noch nie erlebten Klarheit erfahren und spüren.

Zwei Tage nach der gigantischen Eruption auf der Sonne erreichte der Sonnensturm schließlich die Erde mit voller Wucht. Die wenigen Satteliten, die sich bis dahin noch auf ihren Umlaufbahnen hatten halten können, stürzten nun ebenfalls ab und verglühten in der Erdatmosphäre.

Dann wurde weltweit ein gigantisches Naturschauspiel sichtbar. Die Auroren, die sonst nur in den Polarregionen erkennbar sind, breiteten sich bis zu den Tropen hin aus. Das ständig pulsierende und wechselnde Farbenspiel war faszinierend und erhellte die Nacht nahezu taghell. Dieses Farbenspiel war aber nicht nur bewundernswert schön, sondern auch beängstigend zugleich. Denn gleichzeitig mit diesem Naturschauspiel brach weltweit das gesamte Stromnetz zusammen. Der solare Magnetsturm hatte die Stromnetze zerstört und nahezu sämtliche elektronischen Geräte unbrauchbar gemacht.

Eine unvorstellbare Ruhe setzte ein. Der Verkehr kam gänzlich zum Erliegen, da die Elektronik sämtlicher Fahrzeuge ebenfalls dem Magnetsturm zum Opfer gefallen war.

Dieser vollkommenen Reinigung durch die Kraft des solaren Feuers folgte unmittelbar eine vollkommen geklärte und freie Ruhe, die sich binnen weniger Stunden über die gesamte irdische Atmosphäre gelegt hatte, eine Ruhe allerdings, die nur von einem verschwindend kleinen Bruchteil der Menschen auch als solche erlebt werden konnte.

Mit dem Zusammenbruch der Stromnetze offenbarte sich mit einem Schlag die fatale Abhängigkeit, die sich durch die weltweit absolut zentralisierte und machtorientiert gesteuerte Energieversorgung entwickelt hatte. Der Mensch war aufgrund seiner durch die Götter implantierten mentalen Krankheit nicht in der Lage gewesen, ein freies, offenes und allen zugängliches Energiesystem zu etablieren. Zu sehr war er besessen vom Konzept der Macht und der Kontrolle, zu sehr war er erpicht darauf, die Energieerzeugung mit Abhängigkeit zu verknüpfen und eine freie, jedem zugängliche und autarke Energiegewinnung zu unterdrücken.

Mit dem Zusammenbruch der Stromversorgung und der Telekommunikation kam der gesamte wirtschaftliche Kreislauf zum Erliegen. Das Finanzsystem und die damit verbundenen Machtspiele brachen gänzlich zusammen, da unter anderem sämtliche elektronisch gespeicherten Kontostände verloren gegangen waren. Doch nur wenige konnten über diese lang ersehnte Befreiung von der Unterdrückung durch das pervertierte Finanzsystem jubeln. Zu bedrohlich war der fehlende Zugang zu lebensnotwendigen Gütern. Denn auch hier rächten sich die seit Jahrzehnten betriebene Globalisierung und das Fehlen funktionierender Nahversorgung massiv. Die Logistik der Nahrungsmittellieferungen funktionierte nicht im Geringsten. Nachdem die Supermärkte unter einem hohen Blutzoll panikartiger Brutalität geplündert worden waren, gab es vor allem in den Städten keine Lebensmittel mehr.

Aufgrund fehlender Kommunikationssysteme, aufgrund des allgemein herrschenden Chaos und des um sich greifenden Faustrechtes war es nicht möglich, die wirtschaftlichen oder logistischen Strukturen wieder herzustellen. Die Fernsehgeräte blieben stumm, die Telefone schwiegen und das Stromnetz lieferte keine Energien mehr. Nur langsam und allmählich wurde, vor allem in ländlichen und weniger dicht besiedelten Gebieten, eine lokale und neue Infrastruktur aufgebaut. Nur dort, wo die Menschen rasch genug aus ihren alten Gewohnheiten, aus der Matrix der Angst und Gewalt auszusteigen wussten, nur dort, wo sich schnell ein lokaler Zusammenhalt völlig neu aufbauen konnte, nur dort konnten die Menschen überleben.

Ein Großteil der Menschheit hatte allerdings keine Überlebenschance. Sie erschlugen sich gegenseitig, verhungerten und verdursteten oder fielen den sich unbarmherzig ausbreitenden Seuchen zum Opfer. Es überlebte weniger als ein Zehntel der Weltbevölkerung. Diese Menschen aber, die überlebten, waren bereit, eine gänzlich neue Welt aufzubauen.

Bereits wenige Monate nach dieser verheerenden Katastrophe breitete sich ein stilles und erfüllendes Glück in den Herzen der Überlebenden aus. Sie fühlten sich unendlich befreit, konnten allerdings kaum benennen, was der wahre Grund für dieses neue Freiheitsgefühl war. Sie begannen neu zu denken und sie begannen neu zu lieben. Und sie erlebten eine Verbundenheit mit der Mutter Erde, die sie bislang nicht für möglich gehalten hatten.

Die Befreiung

Die reinigende Kraft dieses massiven Sonnensturms hatte auch auf einer ganz anderen Ebene eine unendlich befreiende Wirkung.

Den Göttern war es gelungen, unter verschiedensten Erscheinungsformen die gesamte Menschheit unter ihre Herrschaft zu bringen. Die mächtige katholische Kirche war nur eine Institution, wenn auch eine sehr mächtige, aus der besonders jener eine Gott, der seinen Namen niemals nannte, den Menschen Energie raubte und sich selbst damit bereicherte.

Derselbe Gott war, mit gänzlich anderem Erscheinungsbild, in der mörderischen Machtstruktur des weltweiten Finanzsystems stark geworden. Er beherrschte den Menschen massiv, denn die Menschheit richtete nahezu ihre gesamte Aufmerksamkeit auf nichts anderes mehr, als darauf, dem Geld zu dienen! Und jeder Dienst für Geld war letztlich eine Huldigung dieses Gottes, schenkte ihm Energie wie durch ein Gebet und stärkte ihn in seiner gnadenlosen Macht.

Die Institutionen des Rechtes und der Gesetze waren eine weitere Götterzunft, vertreten durch die Priesterschar der Rechtsanwälte und Richter, deren Hauptbeschäftigung darin lag, das Maß der Schuld zu bestimmen und Menschen zu verurteilen. Ihre Handlanger waren die Polizisten und Exekutivbeamten, die mit Gewalt das durchsetzten, was von richterlicher Seite angeordnet worden war. Die Kriegsfelder der Gerichtssäle waren bestens dazu geeignet, das System von Angst und Gewalt weltweit aufrecht zu erhalten. Jede rechtlich angeordnete Exekution, jede existenzielle Bedrohung oder Vernichtung von einzelnen Menschen und jede Verurteilung, die „im Namen des Gesetzes" vollzogen wurde, lieferte diesen Göttern Energie in Form von emotionalem Stress, Ängsten, Wut, Hass und Rachegedanken. Diese Götter nährten sich von jenen dunklen emotionalen Frequenzen, die sie gezielt und bewusst in den Menschen erzeugten.

All diese Institutionen der Götter hatten allerdings eines gemeinsam: Sie lebten davon, dass die Menschen an sie glaubten. Der Glaube war die Existenzgrundlage der Götter!

Nur dann, wenn der Mensch an den Kirchengott glaubte, nur dann lieferte dessen Huldigung die entsprechende Energie.

Nur dann, wenn der Mensch an die auf Papier gedruckten Werte der Geldscheine glaubte, nur dann hatte das Geld auch tatsächlich einen Wert und nur dann konnte ein Dienst für das Geld gesichert werden.

Nur dann, wenn der Mensch an das Gesetz glaubte, nur dann konnte das damit verbundene Kriegsfeld aufgebaut und die Schuldsprüche exekutiert werden. Denn schließlich mussten die

Menschen selbst in der Gestalt von Richtern und Anwälten, sowie in der Funktion als Exekutivbeamte die gesetzliche Gewalt ausüben und die damit verbundenen, diesen Göttern Energie liefernden Ängste erzeugen.

Der Glaube war die Grundlage die Existenz der Götter, die Grundlage für die Versklavung der Menschheit, die Grundlage dafür, dass der Mensch zu einem lebendigen Energielieferant der Götter geworden war.

Und dieser Glaube musste mit Glaubenssätzen, Parolen, Bildern und vor allem durch ständige Wiederholungen massiv ins weltweite Feld eingespeist werden. Diese Glaubenssätze waren den Menschen derart tief implantiert worden, dass der Mensch nicht mehr in der Lage war, diese Implantate als solche überhaupt zu erkennen. Dieser Glaube, der das Feld der Angst und Gewalt erzeugte, musste aber vor allem die wunderschönen Gesänge der Mutter Erde, die Lieder der Heilen Matrix, permanent übertönen.

All diese Glaubenssätze, Dogmen und Gesetze waren im Bewusstseinsfeld, in der Atmosphäre der Erde verankert worden. Diese Glaubenssätze existierten nicht nur als Implantate im Bewusstseinsfeld jedes einzelnen Menschen, sondern vor allem als ständig aktive elektromagnetische Hintergrundstrahlung im sphärischen Feld der Erde. Diese sphärischen Frequenzen, die ständig durch Gedanken, Emotionen, sowie durch TV-Sendungen und durch Satteliteneinstrahlung am Leben erhalten wurden, waren der Lebensnerv der Götter. Die Macht der Götter lag förmlich in der Luft!

Und genau das hatte der Sternenmeister Ahau erkannt.

Und genau darauf hatte er seinen Sonnensturm ausgerichtet. Das reinigende Feuer dieses Sturmes hatte nicht nur den technischen Nerv der Götterherrschaft vollkommen unschädlich gemacht, sondern auch das gesamte sphärische Feld der Erde innerhalb weniger Stunden von den darin verankerten dogmatischen Glaubenssätzen befreit. Der Sonnensturm hatte durch das ihm innewohnende Feuer die im Feld festgekrallten Dogmen aus deren Verankerungen gerissen und vollkommen verbrannt. Das gigantische Farbenspiel der Auroren war der sichtbar gewordene Jubel des atmosphärischen Bewusstseins der Gaia, das endlich aus seiner jahrtausendelangen Unterdrückung befreit worden war.

Die Glaubensfelder der Götter verglühten im wunderschönen aurorischen Farbenspiel und setzten gigantische Energien frei. Diese Befreiungsenergien wurden vom Geist der Menschen tief aufgesogen, da sie genau jener Sehnsucht entsprachen, die seit Jahrtausenden in jedem Menschen geschwelt hatte, aber stets ungestillt geblieben war. Dieser feurige solare Magnetsturm befreite so nicht nur das sphärische Feld der Gaia, sonder auch jenes der einzelnen Menschen, unabhängig davon, ob ein Mensch körperlich überlebte, oder sich in der jenseitigen Welt wieder fand. Im Bewusstseinsfeld der gesamten Menschheit, sowie im Feld jedes einzelnen wurden die entarteten Implantate der Götter aus ihrer verkrallten Stabilität gerissen. Eine unendliche Befreiung hatte innerhalb weniger Tage stattgefunden, eine Befreiung, der nun eine umfassende Heilungsarbeit folgen musste.

Als die Götter den gigantischen Plasmastrom auf die Erde zurasen sahen, erstarrten sie vollkommen paralysiert. Sie wussten, dass dieser Sonnensturm ihnen galt. Sie wussten, dass der Sternenmeister abermals eingegriffen hatte und dass es diesmal für sie kein Entrinnen gab. Sie hatten das Verschwinden ihres Anführers durchaus gelassen hingenommen, ohne darüber nachzudenken, dass auch ihnen das jemals passieren könnte.

Sie sahen diese riesige Plasmawolke mit unglaublicher Geschwindigkeit auf sich zurasen, gerade jetzt, wo die vollkommene Kontrolle über den gesamten Planeten zum Greifen nahe war!

Die Plasmawolke traf auf die irdische Atmosphäre auf und zerriss sofort jene sorgfältig aufgebaute technische Infrastruktur, die ihnen bislang so gut zur Sicherung ihrer Macht gedient hatte. Das war ein Schock für die Götter. Sie glaubten in diesem Moment noch daran, dass sie diesen Verlust bald würden ausgleichen können.

Doch dann versetzte es ihnen einen zweiten Schock, von dem sie sich nicht mehr erholten. Sie mussten mit ansehen, wie das feine, unsichtbare elektromagnetische Netz der Glaubenssätze und Dogmen, welches die Menschen gefügig und gehorsam gemacht hatte, plötzlich zerrissen wurde. Der solare Magnetsturm zerriss zuerst das Gewebe dieses Netzes, das sich über den gesamten Planeten wie ein Geschwür ausgebreitet hatte. Das Netz bekam Risse, gigantische Löcher klafften in seinem Gewebe und es hatte sofort seine Stabilität verloren.

Und es kam noch schlimmer. Der solare Magnetsturm hatte eine gigantische Feuerskraft in sich. Er verbrannte das Netz in einer rasant sich ausbreitenden Feuersbrunst. Und es verglühten vollkommen schutzlos die darin eingeflochtenen Gebilde der Glaubensmuster und Dogmen. Diese dichten Gebilde verbrannten innerhalb kürzester Zeit und gaben die darin gebundenen Energien gänzlich frei.

Die Götter sahen mit Schrecken, dass die Menschen ihren Glauben, den Glauben an die Götter, zu verlieren begannen. In diesen plötzlich glaubensfrei gewordenen Menschen erwachte eine schier unkontrollierbare Kraft, durch die sich das menschliche Bewusstseinsfeld neu und vor allem befreit auszurichten begann. Und was das Schlimmste war: von diesen glaubensfrei gewordenen Menschen floss den Göttern immer weniger an Energien zu. Die glaubensfrei gewordenen Menschen hatten aufgehört, die Götter anzubeten. Die Menschen waren den Göttern entglitten!

Und dann riss es auch die Götter selbst in einen gigantischen Sog, dem sie sich nicht widersetzen konnten. Wie sehr sich die Götter an der Erde auch verkrallen wollten, sie konnten sich der Kraft dieses plötzlichen Soges nicht widersetzen. Der Sog entriss sie der Erde, einen nach dem anderen, denn sie hatten auf der Erde ihre sämtlichen, gewaltsam gesetzten Anker, mit einem Schlag verloren. Daher wirkte auf sie eine plötzlich einsetzende umgekehrte Gravitation, die sie nicht nur von der Erde entfernte, sondern auch aus dem Sonnensystem wegzog.

Durch diese sich immer schneller drehende Kreiselbewegung des Soges, die stetig an Geschwindigkeit zunahm und schließlich Lichtgeschwindigkeit erreichte, fanden sich die Götter in einem immer heller werdenden Tunnel wieder, der sie an ein ihnen unbekanntes Ziel führte. Sie mussten sich dem hingeben, was ihnen gänzlich widersprach, da in diesem immer heller werdenden tunnelartigen Sog der Panzer ihrer aufgeblasenen Egostrukturen zerbrach und ihren wahren Wesenskern gänzlich freisetzte.

Sie befürchteten das, wovor sie am meisten Angst hatten. Sie befürchteten das gänzliche Erlöschen ihrer Existenz. Doch nichts dergleichen geschah. Im Gegenteil. Sie wurden von der großen Galaktischen Mutter berührt und in ein großes Heilungsfeld überführt…

Gaias Veto

Mit diesen Bildern beendete der Sternenmeister seine Vision. Er übermittelte diese Visionsbilder seiner geliebten Tochter Gaia und begann bereits, die Vorbereitungen für diesen Sonnensturm zu treffen. Er war bereit und es konnte losgehen. Als geeignetes Datum für das

Aufprallen des solaren Magnetsturms auf die irdische Atmosphäre hatte er den 7. Juli 2009 gewählt.

Doch Gaia bat ihm dringend, innezuhalten.

Es musste einen anderen Weg geben und sie würden ihn finden, meinte sie flehend. Ein derart apokalyptisches Ereignis, das weniger als ein Zehntel der gesamten Menschheit physisch überleben könnte, würde ein tiefes Trauma im Bewusstsein des Menschen hinterlassen. Ein Trauma, das den Menschen bloß wieder anfällig machen würde für äußere Einflüsse, wie dies durch die Götter geschehen war.

Gaias Kind, der Mensch, musste stark werden. Stark und unantastbar, unbeeinflussbar durch die hypnotisierende Kraft verwirrter galaktischer Wesenheiten. Auch wenn der Mensch zurzeit durch die tiefste Krise seiner bisherigen kosmischen Existenz ging, konnte er sich daraus noch immer selbst befreien. Ein klug gesetzter, kraftvoller Heilungsimpuls konnte das Feld noch immer drehen und eine Befreiung aus der umfassenden Verwirrtheit dieser Spezies bewirken.

Der Sternenmeister musste eingestehen, dass er das Fernbleiben ungünstiger Einflüsse von außen, ein weiteres Eindringen kranker Geister, nicht garantieren konnte. Schon einmal war es gelungen, dass seine schützende Heliosphäre im gewaltsamen Ansturm der Götter gefallen war. Das konnte freilich abermals geschehen, auch wenn er jetzt und auch auf lange Sicht keine derartige Gefahr auf sich zukommen sah.

Natürlich war eine abrupte Heilung des Bewusstseinsfeldes durchaus ein traumatisches Erlebnis, so wie jede Geburt. Und ein Trauma musste verarbeitet und geheilt werden, was mitunter lange Zeit in Anspruch nehmen könnte. Geschah solch eine Heilung nicht rechtzeitig, wäre der Geist der Menschheit dadurch besonders angreifbar, dessen war sich der Sternenmeister durchaus bewusst.

Dennoch sah der Sternenmeister keinen anderen Ausweg als diesen.

„Wir sollten jene inneren Vorgänge studieren, die Luzifer aus seinem Wahnsinn befreit hatten.“, meinte die Erde. „War es nicht so, dass durch das Einbringen einer gezielten, wahrhaftigen und gänzlich klaren Information die Wandlung sogar im Feld des Luzifers ausgelöst worden war? Und kann es nicht sein, dass das Einbringen solch einer klaren Information in mein sphärisches Feld ebenfalls einer derart dramatische Wandlung bewirken kann?“

„Klare und wahrhaftige Information bewirkt eine grundlegende Veränderung eines Feldes, das ist wahr.“, gab ihr der Sternenmeister Ahau zurück. „Aber war es bei der Befreiung Luzifers nicht so, dass dafür eine enorme Kraft notwendig gewesen war? Ich hatte schließlich den Aufprall eines riesigen Asteroiden auf meinem solaren Körper als Energiequelle genutzt, um daraus den Spiegelstrahl kristallener Klarheit zu gestalten, um diesen in das Wahnsinnsfeld Luzifers zu projizieren.“

„Kraftvoll war es, das ist allerdings wahr.“, gestand die Erde ein. „Doch muss es immer mit enormer Kraft geschehen, kann ein Wandel nicht auch anders gelingen?“

„Wenn du den Wahnsinn der Götter unterbrechen und nachhaltig stoppen willst“, gab der Sternenmeister zu bedenken, „dann wirst du eine massive Kraft tatsächlich benötigen. Ich sehe hierfür keinen anderen Weg.“

„Es sind aber nicht die Götter, deren Wahnsinn ich heilen möchte.“, meinte die Erde mit dem Aufleuchten einer in ihr immer klarer werdenden Vision. „Es ist mein geliebtes Kind, der Mensch, das ich aus seinem Wahnsinn befreien möchte!

Ist es nicht so, dass in den Menschen, in jedem einzelnen genauso wie in der gesamten Spezies, eine unbändige Sehnsucht schwelt? In ihren tiefsten Sehnsüchten wünschen sie sich nichts mehr, als die Befreiung aus der Gewaltmatrix der Angst. Sie wünschen sich ein weltweites Friedensfeld, ein Feld, in dem sie ihre Liebe wieder frei leben können, ein Feld, in dem sie wieder verbunden sind sowohl mit meinen heiligen Liedern, als auch mit dem kosmischen Ganzen. Diese Sehnsucht wohnt in ihnen. Und diese Sehnsucht ist eine mächtige Kraft, die sie nutzen wollen, die sie leben wollen, ohne genau zu wissen, wie.

Wenn wir klare und wahrhaftige Informationen ins Bewusstseinsfeld des Menschen einbringen, Informationen und Wissen, welches ihnen die Augen öffnet und ihnen mögliche Wege zeigt, so kann daraus eine enorme Kraft erwachsen, eine Kraft, welche die gesamte Menschheit aus den Fängen der Götter endgültig befreit.

Wir müssen den Menschen zeigen, wer die Götter sind. Wir sollten den Menschen mitteilen, wie die Götter agieren, woher sie kamen und was ihre Anliegen sind. Und der Mensch sollte erkennen, wie er den Zugang zu meinen Liedern, zu den Liedern der Heilen Matrix wieder finden kann. Denn in diesen Liedern liegt die Heilung. In diesen Liedern liegt die Befreiung von den Implantaten der Götter, in diesen Liedern findet der Mensch seinen Weg.

Die zentrale Information, die im Bewusstseinsfeld des Menschen erklingen muss, damit eine Wandlung geschehen kann, diese zentrale Information ist genauso klar wie einfach:

Es ist der Einklang.

Der Einklang mit den Liedern der Heilen Matrix.

Der Einklang mit meinen, Gaias Liedern.

Das ist der Weg meines Kindes jetzt.

Das ist der Weg des Menschen.

Wenn es gelingt, die Information des Einklangs ins Bewusstseinsfeld des Menschen einzubringen, dann wird das gewaltsame Feld der Angst seine Stabilität verlieren und aufbrechen. Das wird zuerst in wenigen einzelnen Menschen geschehen. Doch das wird eine Kettenreaktion auslösen, die rasant das gesamte Feld erfassen wird.

Es ist daher jeder einzelne wichtig, der diese Information des Einklangs mit der Heilen Matrix vernimmt und in sich integriert. Jeder einzelne kann durch die klare Aufnahme der wahrhaftigen Information des Einklangs das gesamte Feld verändern.

Und die seit Jahrhunderten, ja Jahrtausenden schwelende Sehnsucht im Menschen ist die enorme Kraft, die zu einer weltweiten Heilung führen kann und führen wird! Die Kraft der Sehnsucht der gesamten Menschheit, die Sehnsucht nach einer befreiten Liebe, die Sehnsucht nach der Kunst der sinnlichen Liebe und der befreiten Sexualität, das sind mächtige Kräfte, die es zu bündeln gilt. Wenn ich, Gaia, diese enormen Kräfte meines Kindes mit entsprechend befreienden Impulsen aus meinen heiligen Liedern versehe, dann können Wunder geschehen!

Lass uns diesen Weg einschlagen. Damit würde der Mensch aus eigener Kraft heraus seine Heilung bewirken. Das wäre eine wesentlich grundlegendere Heilung als jenes heilende Feuer, das durch den solaren Magnetsturm ausgelöst würde.“

Lange dachte der Sternenmeister über die von seiner geliebten Tochter vorgebrachten Gedanken nach. Ob der Mensch tatsächlich dazu in der Lage wäre, sich aus eigener Kraft von der Umklammerung der Götter zu befreien? Freilich, seine Tochter kannte ihr geliebtes Kind, den Menschen, besser als er. Und wenn sie diesen Weg als reale Möglichkeit sah, so sollte sie ihn einschlagen.

Die Zeit war knapp.

Sie musste die klare Information des Einklangs rasch formulieren und rasch dem Geist des Menschen übermitteln. Und dann musste sie abwarten und darauf vertrauen, dass diese Information im Geist des Menschen auch tatsächlich fruchtete.

Noch konnte es gelingen.

Und der Sternenmeister Ahau gab seiner Tochter zu verstehen, dass sie mit der Formulierung ihrer Geschichte beginnen möge.

Der Sonnensturm, der für den 7. Juli 2009 angelegt worden war, konnte heruntergefahren werden. Es war kein Sturm, sondern ein leichter Sonnenwind, der nahezu gänzlich unbemerkt die Erde erreichte und ohne bemerkenswerte Auswirkungen verebbte.

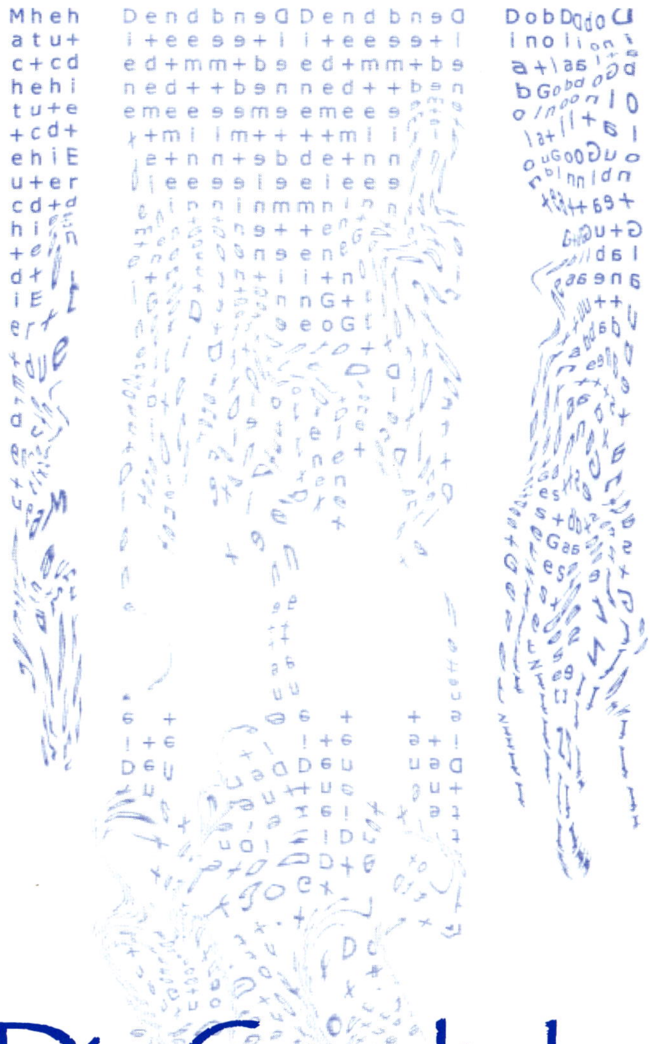

Die Gewalt der Götter

Hetzjagd

Gaia brachte das, was sich in den vergangenen fünf Jahrtausenden ereignet hatte und zu der heute vorherrschenden fatalen Lage des Menschen geführt hatte, in eine verstehbare Form. Sie erzählte vom Eindringen der Götter und von deren hinterhältigem Treiben. Sie erzählte, wie die Götter die Schlinge um die einst frei geborene Spezies Mensch immer enger zu ziehen wussten und wie es ihnen schließlich gelungen war, die gesamte Spezies Mensch zu versklaven. Sie erzählte ihre Geschichte voller Hingabe, ohne ihren Schmerz und ihre Trauer über das Geschehene zu verbergen. Und sie gab diese Geschichte frei, ließ sie einströmen in das sphärische Feld der Welt und in das Bewusstseinsfeld des Menschen. Dort, in den Bewusstseinsfeldern der Welt, dort würde all dies von nun an abrufbar sein. Der Mensch würde von nun an die Wahrheit seiner Geschichte erkennen und verstehen können. Jeder Mensch, der offenen Herzens und offenen Geistes war, würde fähig sein, diese Geschichte wahrzunehmen.

Doch nicht nur diese Geschichte war es, welche ins Feld der Erde übermittelt wurde. Gaia zeichnete auch einen Weg vor, der zeigte, wie der Mensch sich aus eigener Kraft aus seiner Versklavung befreien konnte. Der Schlüssel für die Befreiung, das war der Weg des Einklangs.

Gaia begann mit ihren Erzählungen zu jenem Zeitpunkt, als Luzifer, der Anführer der Götterschar, durch die Macht des kristallklaren Lichtes gebannt worden war. Der Panzer des seit Äonen krankhaft aufgeblasenen Egos war durchbrochen worden und der Wahnsinn seines Treibens war mit der reinigenden Kraft des feurigen Kristalllichtes durchdringend ausgeleuchtet worden. Luzifer hatte sich zu erinnern begonnen und sein wahnsinniges Treiben in diesem galaktisch bedeutsamen Moment beendet.

Anders hatte es sich mit den Göttern verhalten. Diese waren in alle Richtungen zerstoben und hatten sich vor der klärenden Kraft des solaren Spiegels zu verbergen gewusst. Für sie war ihr Anführer erloschen. Keiner von ihnen ahnte, dass dieser sich nach äonenlangem Machtstreben zur Heilung seines wahren Seins in die Obhut der Venus begeben hatte. Die Götter waren vielmehr der Meinung, dass ihr Anführer durch den mächtigen Sternenmeister Ahau besiegt worden wäre und dass dessen Existenz endgültig erloschen sei. Sie glaubten an die Endgültigkeit des Todes. Deren irrsinniges Denken war derart von der Angst des Erlöschens durchdrungen, dass diese massive Urangst das kosmische Prinzip des immerwährenden Seins gänzlich aus ihrem Wirklichkeitsfeld verdrängt hatte.

Über den Verlust ihres Anführers waren sie anfangs zwar schockiert. Nicht dass sie ihm sonderlich nachtrauerten. Es war eher die gigantische Kraft des Sternenmeisters Ahau gewesen, die sie erschreckt hatte. Nun waren die Karten neu gemischt und es war bald abzusehen, wer der neue Anführer der Götter werden konnte. Doch dieser hatte vorerst noch einige Machtkämpfe zu bestehen.

Der Verlust ihres Anführers war eine Folge des gescheiterten Zerstörungsversuches der Gaia gewesen. Und nun hatte sich ein dauerhafter Aufenthalt auf diesem Planeten zur einzig verbleibenden realistischen Option der Götter entwickelt.

Durch den Verlust ihres Anführers waren sie vorerst orientierungslos im Sonnensystem umher geirrt. Keiner von ihnen traute sich auf eigene Faust oder als Gruppe in den freien kosmischen Raum hinaus. Sie mussten innerhalb der Heliosphäre bleiben, wenn sie sich nicht in den kosmischen Weiten verlieren wollten. Sie waren zwar schon äonenlang mit Luzifer unterwegs gewesen, doch dieser hatte ihnen niemals die Geheimnisse der Kunst der galaktischen Navigation preisgegeben.

Sie waren nun im Inneren des Sonnensystems und sie würden nicht ewig hier tatenlos umherschweifen können. Sie würden sich früher oder später mit neuer Energie aufladen und auf Beutezug gehen müssen.

Damit aber war der unter ihnen noch immer nicht beigelegte Streit, ob sie die Erde als dauerhaften Wirt besetzen oder sie mit zerstörerischer Gewalt einmalig plündern sollten, entschieden. Die Erde war mit ihrem Reichtum an Leben und an Energie ihre einzige Überlebenschance. Sie mussten in den irdischen Feldern nach Energiequellen suchen, von denen sie sich dauerhaft ernähren konnten. Sie mussten lernen, wie sie vom planetaren Erdenleben ausreichend Energie rauben konnten, um ihren egozentrierten Fortbestand zu sichern. Die Erde um diese Energien zu bitten, kam ihnen nicht einmal im Entferntesten in den Sinn. Zu fremd war ihnen der Gedanke, Bittsteller zu sein. Zu tief durchdrungen waren sie vom Gedanken der Macht und von ihrer Überheblichkeit des fraglosen Nehmens.

Die Götter versammelten sich im irdischen Umfeld, ohne in die irdischen Sphären eindringen zu können. Sie umkreisten den planetaren Körper. Das sinnliche Liebesspiel des Sohnes des Lichtes mit der wunderschönen Gaia entfachte erneut die Eifersucht im krankhaften Emotionsfeld der Götter. Derb sprachen sie Gaia an und forderten sie auf, ihnen den Zugang zu den irdischen Sphären zu gewähren. Sollte Gaia ihren Aufforderungen nicht nachkommen, würden sie umgehend entsprechende Maßnahmen ergreifen und sich das, was ihnen, ihrem erhabenen göttlichen Wesen, rechtens zustand, erzwingen.

Diese Art der Sprache war Gaia derart fremd, dass sie nicht einmal verstand, was diese fremden Wesen von ihr eigentlich wollten. Es war Gaia sowohl das Frequenzmuster einer Forderung, als auch jenes einer Drohung derart fremd und unbekannt, dass es für sie dafür weder Begriffe, noch irgendein Verständnis gab. Sie erfasste das Ansinnen der Götter nur ansatzweise, obwohl sie sich redlich darum bemühte, die Bedeutung der groben und derben Worte gänzlich zu begreifen.

Selbst dann, wenn Gaia sich ihnen hätte öffnen wollen, wäre es für diese unmöglich gewesen, die Sphären der Erde, die von unendlich bedingungsloser Liebe durchdrungen waren, zu betreten. Zu stark war das irdische Liebesfeld und zu dissonant waren die energetischen Felder der Götter. Einander derart widersprüchliche Felder konnten sich nicht durchdringen. Ein Aufenthalt der Götter innerhalb der irdischen Sphären erschien in jenen Tagen als ein gänzlich aussichtsloses Unterfangen.

Gaia verstand, dass die Götter unter einer sonderbar ausgetrockneten und verhärteten Lieblosigkeit litten. Ihre Antwort an die Götter bestand daher darin, dass sie diesen wunderschöne sinnliche Bilder vom unendlich erfüllenden Liebesspiel mit ihrem Geliebten übermittelte. Sie wollte den Göttern damit einen liebevollen Gruß überreichen und hoffte, ihnen damit das schenken zu können, was diese so dringend brauchten, nämlich Liebe, Zuwendung und eine alle Sinne umfassende Erfüllung.

Doch damit fachte sie den eifersüchtigen Zorn der Götter noch um ein Vielfaches an. Diese rasten vor Eifersucht und sandten einen gigantischen Schwall an Drohungen und Beschimpfungen in die irdischen Felder, welche Gaia noch weniger begriff, als die zuvor gestellten drohenden Forderungen.

Die tollkühnen Versuche der Götter, gewaltsam in das innere sphärische Feld der Erde einzudringen, scheiterten jedes Mal und endeten fatal. Manch einer der Götter verglühte in der irdischen Atmosphäre, verlor so seinen aufgeblähten Egopanzer und glitt in einen plötzlich aufblitzenden Lichttunnel, der ihn über den Hyperraum in den Schoß der großen Galaktischen Mutter zurückführte. Für die Götter wurde solch ein Verschwinden von einem der ihren nicht im Geringsten verstanden und irrig als Tod, als Erlöschen seiner Existenz gedeutet.

Die Götter belagerten zwar die Erde, das aber ohne jeglichen Erfolg. Sie schienen gänzlich machtlos zu sein, bis sie eine fatale List ersannen.

Sie mussten sich eingestehen, dass sie gegen die innere Kraft der Erde keine Chance hatten. Sie erkannten aber sehr bald, dass Gaia ihre Kraft aus der sinnlichen Liebe zu ihrem geliebten Sohn des Lichtes bezog. Daher richteten die Götter ihre Aufmerksamkeit auf ihn.

Sie studierten den Sohn des Lichtes und begannen ihn allmählich zu verstehen. Der Sohn des Lichtes repräsentierte das Licht der Sonne in den irdischen Sphären. Er bezog seine Energie direkt von seinem Vater, dem Sternenmeister Ahau und transformierte diese Energie zu jenem sichtbaren Licht, das im kosmischen Liebestanz sich in der Erde ergoss und diese befruchtete. Der Sohn des Lichtes war das Licht der Erde. Er war das Feuer, in dem die Götter verbrannten, wenn sie in die irdischen Sphären mit Gewalt einzudringen versuchten. Und diese feurige Kraft bezog der Sohn des Lichtes direkt von seinem Vater. Das hatten die Götter verstanden. Und daher konzentrierten die Götter ihre Angriffe nun auf ihn, auf den Geliebten der Gaia, auf den Sohn des Lichtes.

Anfangs hatten die Götter immer wieder versucht, den Geliebten der Gaia, der so brennend ihren Neid und ihre Eifersucht entfacht hatte, zu fassen. Doch das war aussichtslos. Nachdem sie aber erkannt hatten, dass der Sohn des Lichtes der Beschützer der Gaia war, dass er letztlich Schuld daran hatte, dass sie bei ihrem gewaltsamen Eindringen in die Erdatmosphäre verglühten, begannen sie ihn wie eine Meute gieriger Wölfe zu hetzen. Sie waren ihm an Beweglichkeit und an Ausdauer zwar maßlos unterlegen, sie waren aber viele. Bald schon hatten sie seine Bewegungsmuster grundlegend durchschaut und gelernt vorherzuahnen, wann er wo erscheint und wohin er sich begeben würde. Sie perfektionierten ihre Vorhersagen sorgfältig und begannen dann, sich an strategisch wichtigen Punkten im Kosmischen Umfeld der Gaia zu positionieren.

Und dann begann ihre Hetzjagd. Sie verfolgten und bedrängten ihn, wann immer es ihnen möglich war. Sie blockierten seine Wege und zwangen ihn zu Ausweichmanövern. Sie versuchten ihn einzukreisen und er musste Kraft und Geschick aufwenden, um ihnen zu entkommen.

Und das war nicht ihre einzige Taktik. Aus dem, was sie auf ihren Beutezügen geraubt hatten, begannen sie einen lichtabsorbierenden Schleier zu weben. Sie besaßen die Fähigkeit, jene Energien, die sie an sich gerissen hatten, zu trüben. Aus dem, was einst lichtvoll und lichtdurchdrungen war, wurde eine trübe Masse, ein Smog, den sie über die hohen irdischen Sphären ausbreiteten. Sie spannten diese trüben Netze an strategisch klug gewählten Punkten, vorwiegend über jene Bereiche, die für die Verbindung des Sohns des Lichtes mit seinem Vater, dem Sternenmeister Ahau, wichtig waren. Die Absicht dieser widernatürlichen Verschleierung bestand darin, jene Energiezufuhr zu stören, die dem Sohn des Lichtes seine Kraft gab. Die Verschleierungstaktik konnte zwar die Verbindung des Sohnes des Lichtes zu seinem solaren Vater keineswegs unterbinden, diese aber dennoch deutlich merkbar stören. Der Sohn des Lichtes verlor an Kraft und diese permanente Störung seines Raumes störte auch sein so seliges Liebesleben mit Gaia.

Der sinnliche kosmische Tanz und die liebende Vereinigung zwischen Gaia und dem Licht wurden zwar nach wie vor in erfüllender Weise vollzogen, verloren aber jene Vollkommenheit, die sie bislang innehatten. Das Klima auf Erden wurde kühler und die Artenvielfalt nahm genauso ab wie die Fülle des organischen Lebens. Das Leben auf Erden wurde ärmer.

Dieser andauernde Druck auf das irdische Liebesfeld wirkte sich allmählich auch auf den Menschen aus. Er begann in sich eine emotionale Abkühlung wahrzunehmen, die zu einer latenten Aggressionsneigung führte. Auch wenn die feldbestimmende Kraft im sozialen Leben des Menschen zu jenen Zeiten noch immer die eines umfassenden Friedens war, traten dennoch allmählich Spannungen im alltäglichen Leben auf. Der Mensch musste lernen, mit diesen Spannungen umzugehen, was ihm den Erwerb einer komplexeren Denk- und Liebesweise bescherte. Der Mensch lernte schnell und er erweiterte sein Friedenswissen zu einer bemerkenswerten Friedenskultur. In jenen Zeiten konnte der Mensch in seinem eigenen Feld und in seiner Lebensweise den ungünstigen Wandel in den Bewusstseinsfeldern der Welt noch ausgleichen. Es gelang ihm sogar, diesen Wandel für seine eigene Entwicklung zu nutzen.

Die andauernde Hetzjagd auf den Geliebten der Erdenmutter hatte aber auf das umfassende Liebesfeld in den irdischen Sphären eine zerstörerische Wirkung. Das Liebesfeld wurde schwächer und näherte sich so ein wenig den gewaltsamen Frequenzmustern der Götter ein wenig an. Auch die Götter erkannten, dass sie mit ihrer zermürbenden Taktik Erfolg hatten und dass es nur mehr eine Frage der Zeit sein würde, bis sie in die irdischen Sphären würden eindringen können. Das irdische Feld näherte sich nicht nur den Frequenzmustern der Götter an, sondern verlor auch an Kraft. Es würde die Götter nicht mehr lange so vehement fernhalten können.

Dieser Erfolg gab den Göttern einen ungeheuren Auftrieb. Sie konnten noch lange durchhalten, das wussten sie. Sie würden früher oder später in die irdischen Sphären eindringen und sich an jener Gaia rächen, welche ihre Göttlichkeit bislang derart konsequent verschmäht hatte. Sie würden sich nehmen, was sie wollten und sich an der Schönheit der Gaia vergehen. Demütigend würden sie dieses stolze Wesen behandeln und sich an den reichen Schätzen dieser Welt vergreifen. Lange sollte diese planetare Perle ihnen als Wirt dienen müssen. Eine reiche Ära stand den Göttern bevor, das wussten sie genau.

Und ihr endgültiger Erfolg wurde ihnen rascher beschert, als sie es zu jenem Zeitpunkt zu hoffen gewagt hatten.

Gaias neuer Traum

Die Erdenmutter erschafft das Feld der Wirklichkeit, in dem sich alles Leben auf ihr entfalten kann, stets kraft ihrer Träume. Sie erträumt die Matrix der Wirklichkeit, sie, die Träumende, erschafft den Raum und die Bedingungen, in denen alles Leben gedeihen und sich weiterentwikkeln kann. Alles, was auf ihr lebt, ist selbständiger Teil ihres Traumes. Dieser Traum der träumenden Urmuter Gaia, diese Traumfelder sind die Heile Matrix, das ursprüngliche heilige Feld der Wirklichkeit. Genährt durch die Liebe zu ihrem Geliebten Sohn des Lichtes war dies über lange Zeit hinweg ein Liebesfeld und ein Feld des weltumspannenden Friedens gewesen.

Die Träume der Gaia unterliegen großen Zyklen. Die Bedingungen, welche die Heile Matrix erschaffen, sind in das kosmische Prinzip des Wandels eingegliedert. Nur durch den Wandel entsteht jene Lebendigkeit, welche jede Spezies für ihre Entwicklung braucht. Dieser zyklische Wandel in den Träumen der Erdenmutter Gaia erzeugt die Muster der Zeit, den großen Fluss des Lebens.

Die großen epochalen Zyklen vollenden sich in bestimmten Mustern, die dem Wesen der Erde und ihrem Lauf um die Sonne entsprechen. Wenn solch eine große Epoche endet, verändern sich auch die Träume der Gaia in ganz wesentlichen Bereichen. Wenn dies geschieht, so sind die damit verbundenen Bewegungen im sphärischen Feld der Erde drastisch spürbar. Das Feld beginnt zu vibrieren, heftige Bewegungen der Wandlung durchziehen die planetaren Sphären. Auflösende Stürme kommen auf.

Jene Bilder und Muster, die bislang gültig und hilfreich waren, verlieren nicht nur ihre Stabilität, sondern ebenso ihre Brauchbarkeit. Die bestehenden Bilder vergehen und es entsteht ein Leerraum im Zentrum. Und mitten im Sturm der Auflösung wird es still. Eine Stille breitet sich aus in der Mitte des Sturms. In diese Stille hinein fällt kosmischer Same, der aus dem reinen Licht entsandt wurde. Dieser Same geht auf. Neue Bilder sind es, die durch diesen Samen erwachen. Es sind dies die Bilder der neuen Epoche.

In solchen Übergangszeiten wird die Kraft des sphärischen Feldes schwächer, da Gaia ihre Kraft für ihre eigenen inneren Prozesse benötigt. Auch das Magnetfeld der Erde nimmt schrittweise und dramatisch ab, um die bestehenden Bilder nicht festzuhalten und um den Auflösungsprozess zuzulassen. Dadurch wird das Feld offener, bereit, das Neue zu empfangen und Neues zu gestalten.

Alles Leben auf der Erde nimmt diesen Wandel, der von der Urmutter vorgegeben wird, deutlich wahr und beginnt sich darauf einzustellen.

In jenen Zeiten, als die Götter vor mehr als 5000 Jahren die Erde belagerten, ging eine Epoche zu Ende. Nicht nur die massive Hetzjagd des Geliebten der Gaia, nicht nur die Störung des kraftvollen Liebesfeldes, sondern auch die sich wandelnde Epoche waren Auslöser für die Abnahme der schützenden Kraft im Erdfeld.

Die Götter hatten Glück. Es gelang ihnen immer häufiger, tiefer in die irdischen Sphären einzutauchen, ohne dabei zu verglühen. Sie begannen die Erde zu studieren und entdeckten den Menschen, eine Spezies, die sie aufgrund ihrer Erscheinungsform völlig überraschte…

Gaia träumte einen neuen Traum.

Sie träumte diesen neuen Traum im gänzlichen Einklang mit der großen Galaktischen Mutter. Sie, die große Galaktische Mutter, übermittelte ihrer geliebten Tochter Gaia jene energetischen Impulse von hoher Intensität, welche im Traumkörper der Gaia fruchteten und den neuen Traum entstehen ließen. Die Impulse der großen Galaktischen Mutter und das Traumfeld der Gaia waren ein ineinander fließendes, ganzheitliches Gewebe. Darin bestand der Einklang.

In der zu Ende gehenden Epoche hatte sie den Traum der weiblichen Kraft geträumt. Es war die Frau und es war das Weibliche, das sich in dieser Epoche zu einer tragenden und stabilen Kraft in den neuen Gesellschaftsstrukturen des Menschen entwickeln sollte. Die Frau war zur schönen, sinnlichen und kraftvollen Trägerin der Kultur geworden. Über die Frau liefen die gesellschaftlichen Netzwerke, sie war der Nährboden, auf dem das Männliche sich entfalten konnte. Durch den weiblichen Urgrund war der Mann fähig, das zu sein, was seine Bestimmung war, nämlich der Vertreter des Lichtes. Während die Lieder der Frauen den fruchtbaren Nährboden bildeten, war der Mann die Kraft des wärmenden und des wandelnden Lichtes.

Die Frau war das tragende Gewebe, aus dem das kollektive Netzwerk bestand und der Mann war das Licht, das dieses Netzwerk zum Leuchten brachte. Die Menschen lebten in Gemeinschaften, in Stämmen, in denen das Wohl der Gemeinschaft von jedem völlig natürlich getragen wurde. Der Mensch war ein gänzlich kommunes Wesen. Und die Entfaltung der persönlichen, der individuellen Kraft war die Grundlage für das Funktionieren dieser Gemeinschaften. Jeder brachte diese Kräfte, die er individuell entfalten konnte, in das Gesamte der Gemeinschaft ein.

Die Frau war die Wissende in der Kunst der Liebe und in der Kunst der Sexualität. Die Frauen weihten die Männer in diese Künste ein, denn sie trugen dieses heilige Wissen in sich. In den Liebesschulen wurde die freie Liebe gelehrt, sowie das Geheimnis der heiligen Kraft, welche der sexuellen Vereinigung innewohnt, das große kosmische Mysterium der sinnlichen Liebe. Die sexuelle Liebe wurde offen gelebt und beschränkte sich keineswegs auf nur einen einzigen Partner. In diesem Feld der freien Liebe gab es weder Eifersucht, noch Neid oder den daraus resultierenden Hass. Diese emotionalen Verwirrungen waren den Menschen jener Zeit gänzlich fremd.

Die Kinder jener Zeiten wuchsen in Frauengemeinschaften auf. Die leibliche Mutter war vor allem in den ersten Lebensjahren die Hauptbezugsperson, doch kam es durchaus vor, dass das Kind sich zeitweise eine andere Frau als „Mutter“ wählte. Das Kind hatte in diesen Gemeinschaften genügend Auswahl und dies war ein selbstverständlicher natürlicher Prozess. Das eigene Kind war niemals Eigentum der Mutter. Es war ein Kind der Gemeinschaft.

Wer der leibliche Vater des Kindes war, konnte die Frau zumeist nicht mit Bestimmtheit sagen, da die Sexualität natürlich offen und mit mehreren Partnern gelebt wurde. Wer nun der leibliche Vater war, das war sowohl ungewiss, als auch gänzlich nebensächlich. Denn auch die männlichen Bezugspersonen wählte sich das Kind selbständig, wobei der Bruder der leiblichen Mutter häufig eine zentrale Rolle spielte.

Dieses Wissen um die freie Liebe war heilig, denn dieses Wissen sicherte den Frieden innerhalb der Stämme, als auch den Frieden und die einander unterstützende Verbundenheit zwischen den Stämmen. Über ein telepathisches Netzwerk waren die Menschen und die Stämme auch über weite Distanzen hinweg miteinander verbunden.

Der vollkommene Einklang mit der Mutter Erde war selbstverständlich. Und die Kommunikation mit der großen Urmutter Gaia wurde von den Priesterinnen gelehrt und ständig verfeinert.

Die Entwicklung, die sich eine gesamte Epoche lang hauptsächlich auf die Frau konzentriert hatte, war bestens gelungen und fand in den Träumen der Mutter Erde nun ihren Abschluss. Etwas Neues wurde von ihr erträumt, neue Lieder stiegen aus ihrem Inneren auf und erfüllten den sphärischen Raum. Eine erwartungsvolle Spannung verbreitete sich unter den Menschen, die den Wandel im Traumkörper der Gaia erspürten.

In den neuen Träumen der Gaia trat der Mann nun ins Zentrum des Geschehens. Der Mann und das Licht des Mannes, das Licht, das ihm seit jeher natürlich innewohnte. Dieses Licht wollte die Urmutter jetzt nähren, diesem männlichen Licht schenkten die Träume der Gaia nun ihre konzentrierte Aufmerksamkeit. Das Licht, das bislang von der Frau im Mann erweckt und genährt worden war, sollte eine neue Selbständigkeit erfahren. Der Mann sollte aus der Abhängigkeit von der Frau ein stückweit entbunden werden, freier werden und die Fähigkeit in sich entdecken, auch von sich aus leuchten zu können.

Der Mann sollte seine Kraft entdecken und sie, Mutter Erde, wollte diese Kraft im Manne nähren. Der Mann sollte diese neue Kraft in sich spüren und leben. Er sollte entdecken, wozu er durch diese Kraft fähig war und welchen Segen die Nutzung dieser Kraft den Stämmen bringen konnte. Diese Kraft beschränkte sich keineswegs auf die körperliche Muskelkraft, sondern bezog sich zumindest ebenso auf die geistige, die mentale Kraft, als auch auf eine neue künstlerische Kreativität, welche die Stämme und Gemeinschaften mit neuen Erfindungen beschenken sollte.

Diese neue Entwicklung, die nun vor allem vom Mann getragen werden sollte, dieses neue Licht sollte die gesamte Menschheit zu einer neuen Selbständigkeit befähigen. Der Horizont des Menschen sollte sich zusehends erweitern. Die Aufmerksamkeit des Menschen sollte nach und nach über die Erde hinausgehen und sich in den kosmisch galaktischen Raum erheben. Die Verbundenheit des Menschen mit ihr, mit Gaia, durfte dabei keineswegs verloren gehen, sondern durch die neue Selbständigkeit auf eine neue, befruchtende Weise intensiviert werden. Der Mensch sollte erkennen, dass er nicht nur Kind der Erdenmutter, sondern gleichzeitig auch Kind des kosmischen Urvaters ist. Der Mensch trug das Licht des Urvaters und die Lieder der Urmutter gleichermaßen in sich und sollte dies nun erfahren.

Mit der neuen, leuchtenden Kraft in sich sollte der Mann als gereifter Geliebter der Frau neu begegnen. Der Mensch sollte durch diese Entwicklung ein neues Wissen über Liebe und Sexualität entdecken. Die Erde träumte von besonders inniger Liebe zwischen zwei Liebespartner. Der Traum der Mutter Erde beinhaltete die neue Form der Paarbeziehung zwischen Mann und Frau. Dadurch sollte sich die Liebesbeziehung zwischen zwei Menschen in besonderem Maße intensivieren, es sollten in der Liebe Partnerschaften entstehen, ohne dadurch aber ausschließlich zu werden. Der Mensch sollte seine sexuelle Liebe nach wie vor frei und offen auch mit anderen leben, sich aber dennoch auf einen Partner mit neuer, besonderer Tiefe einlassen.

Als dieser neue Traum der Gaia allmählich von den Priesterinnen verstanden wurde und sich dieses Wissen unter den Menschen verbreitete, erwuchs eine besondere Vorfreude unter den Frauen. Denn wie sehr hatten sie sich bereits nach einem neuen, reifen Geliebten gesehnt! Und genau das war ihnen nun von Mutter Gaia versprochen worden.

Die Frauen erwarteten erfüllende Zeiten. Doch leider sollte es ganz anders kommen…

Gewaltsames Eindringen

Durch den epochalen Wandlungsprozess waren die Felder der Gaia offener und dadurch auch angreifbarer geworden. Und der gierig hungrigen Schar der Götter war es nach und nach gelungen, ungebeten und gewaltsam tiefer in die Erdsphären vorzudringen.

Die Götter drangen schließlich bis an die Erdoberfläche vor, dorthin, wo alles Leben stattfindet. Sie drangen ohne um Einlass zu bitten in die irdische Wirklichkeitsmatrix ein und fanden eine schier unglaublich reiche und vielfältige Lebendigkeit vor.

Und dann fiel ihre Aufmerksamkeit sofort auf die Spezies des Menschen. Sie trauten ihren Augen nicht, so ungläubig überrascht waren sie von dessen Erscheinungsform! Die Gestalt des

Menschen entsprach vollkommen ihrer eigenen! Die Körper der Götter und die Körper der Menschen waren nahezu identisch! Auch wenn die Götter sich auf einer anderen, für den Menschen unsichtbaren und unzugänglichen kosmischen Ebene befanden und ihre Körperbiologie auf den intergalaktischen Raum ausgerichtet war, so war deren Körper dennoch genauso geformt wie der menschliche. Der einzige Unterschied bestand lediglich darin, dass die Körper der Götter nahezu doppelt so groß waren.

Die Götter erkannten, dass der Mensch ihnen nicht nur ähnlich war, sondern wohl auch die komplexeste Spezies auf diesem Planeten zu sein schien. Komplex bedeutete nicht nur am diffizilsten entwickelt, sondern auch energetisch für sie am interessantesten. Von dieser Spezies, das wussten die Götter bereits in den ersten Tagen, von dieser Spezies würden sie am meisten profitieren, am meisten Energie nehmen und wenn nötig rauben können. Sie mussten es nur klug genug anstellen, dass dieser Wirt sich ihnen unterordnete und ihnen, am besten möglichst widerstandslos, diente. Sie mussten den Willen des Menschen derart manipulieren, dass er ihnen freiwillig die Energie gab, die sie von ihm nehmen wollten.

Da die Gestalt des Menschen der ihren so ähnlich war, setzten sie darauf, dass sie den Geist der Menschen, die Art seines Denkens und Fühlens, rasch genug verstehen konnten, um die Manipulation dessen Willens rasch umsetzen zu können.

Doch vorerst stöberten sie die Erz- und Goldvorkommen der Erde auf und richteten dort Minen ein, um sich vor allem durch die Kraft des Goldes zu nähren und zu stärken. Es war dieses glänzende Metall, das sie für die Panzerung ihres Egos so dringend benötigten. Sie arbeiteten das Gold in ihre energetischen Felder ein. Sie begannen dadurch zu leuchten und mächtig zu erstrahlen. Außerdem konnten sie sich durch dieses Gold voneinander abgrenzen und die eigenen Gedanken und Emotionen voreinander verbergen. Das Gold war für sie das Metall, mit dem sie ihren Egobereich scharf vom restlichen Universum abtrennen konnten. Und außerdem ermöglichte dieses Gold ihnen alle erdenklichen Täuschungsmanöver. Durch dieses Gold waren sie in der Lage, Lichtspiele zu erzeugen, leuchtende Trugbilder zu erschaffen. Sie erschienen machtvoll und furchteinflössend, wenn sie mithilfe der Energie des Goldes in Erscheinung traten. Diese glänzenden Trugbilder, die sie damit erzeugten, hatten nichts weiter als eine spiegelnde Oberfläche und waren darunter gänzlich hohl und leer. Doch diese Trugbilder gaben ihnen das Gefühl, mächtig und reich zu sein. Dieser Glanz war es, der die Götter faszinierte.

Früher, als sie noch mit ihrem Anführer Luzifer den kosmischen Raum durchwandert hatten, diente ihnen das Gold außerdem als Treibstoff zur Fortbewegung und als Energiespender für den Aufenthalt im freien kosmischen Raum. Sie konnten die Energie des Goldes bündeln und zu einem Strahl fokussieren, der als gefährliche Waffe eingesetzt werden konnte. Nun aber verwendeten sie dieses Gold vor allem, um sich damit auf goldenen Wägen über die Erde zu bewegen.

Auch das Eisen wussten sie als ein für sie wertvolles Metall einzusetzen. Sie erschufen damit nicht nur tödliche Waffen, sondern gliederten auch dieses Metall in ihre individuellen Felder ein. Dieses Eisen verdichtete ihre Körper soweit, dass sie sich schließlich dauerhaft auf diesem Planeten verankern konnten. Keine Macht des Universums konnte sie mehr von diesem Ort vertreiben. Sie würden auf der Erde bleiben, solange sie und nur sie es wollten!

Durch den Eingriff und die Ausbeutung der Erzadern der Erde fügten sie ihr, Gaia, erstmals erhebliche Schmerzen zu. Die

Erzadern sind für den Erdenkörper außerordentlich wichtige Linien, welche den Energiefluss des Planeten steuern und korrigieren, den Meridianlinien des menschlichen Körpers gleich. Da die Götter ohne zu fragen und mit blinder Gewaltsamkeit diese Adern anzapften und ausbeuteten, wie es ihnen beliebte, traten am Erdenkörper erste Störungen auf. Die Urmutter stöhnte erstmals auf.

Die Götter erkannten das Unbehagen, dass sie der Gaia damit bereiteten und brachen darüber in Jubel aus. Das war für sie eine willkommene Gelegenheit, Gaia erstmals demütigend zu begegnen. Sie blähten sich in ihren gold durchdrängten Feldpanzern auf und hielten eine Ansprache, die kühler und präpotenter nicht sein konnte. Sie erklärten sich als nunmehrige alleinige Herrscher sämtlicher planetarer Territorien. Sie erklärten, dass sie ab sofort diesen unkultivierten und unzivilisierten Planeten in Besitz genommen hätten und als ihr Eigentum betrachteten, um hier eine ordentliche, den göttlichen Gesetzen entsprechende Zivilisation aufzubauen.

Alles habe sich von nun an ihrem Willen unterzuordnen. Jeder, der sich dem widersetzte, hätte mit drakonischen Strafen zu rechnen. Jeder Widerstand würde gebrochen werden und der Wille der Götter würde umgehend mit aller dafür nötigen Gewalt durchgesetzt werden. Sie, die Götter, seien die alleinigen Herrscher dieses Planeten und alleinig berechtigt zu bestimmen, was rechtlich korrekt und was widerrechtlich sei. Das Wort der Götter sei von nun an das alleinig gültige Gesetz auf Erden, dem sich alles und jeder unterzuordnen habe.

Sie, die Gaia, die sich ständig in lüsternen und verwerflichen Liebesspielen mit ihrem Geliebten hingegeben hatte und den Göttern den ihnen durch kosmisches Recht zustehenden Zugang verwehrt hatte, sei aufgefordert, diesen Planeten umgehend zu verlassen. Das Fleisch der Erde, der planetare Körper des Planeten, sei ab sofort das Eigentum der Götter. Gaia habe die Funktionsweise des planetaren biologischen Systems, die biologischen und genetischen Schaltpläne offen zu legen, damit dieses von den Göttern weiterhin nach deren Belieben betrieben oder verändert werden könne.

Die Götter seien ab sofort die alleinigen Herrscher der gesamten Schöpfung. Die Zugangscodes zu sämtlichen biologischen Systemen hätte Gaia umgehend den Göttern zu übergeben und sie, die Götter, als alleinige Schöpfer der Biologie allem Leben kundzutun. Sie, Gaia selbst, solle verkünden, dass die Schöpfer allen Lebens nun auf Erden erschienen wären und dass alles Leben von nun an diesen Schöpfergöttern zu gehorchen hätte.

Ihr, Gaia, würde, nachdem sie diese Forderungen umgehend erfüllt hätte, der straffreie Abzug von der Erde gewährt. Sie könnte mit ihrem geliebten Lichtsohn frei abziehen, sofern sie sich nur verpflichtete, dieses Sonnensystem zu verlassen und diesem für immer fern zu bleiben.

Würde sie, Gaia, es allerdings wagen, sich diesem Gebot der Götter zu widersetzen, drohte ihr die gänzliche Unterdrükkung all ihren Wirkens und das sofortige Verbot ihrer unzüchtigen Liebe. Die Götter würden ihr Schmerz zufügen, wo sie nur könnten. Sie, Gaia, hätte damit zu rechnen, dass alle biologischen und genetischen Geheimnisse ihr entrissen würden. Sie hätte damit zu rechnen, dass der genetische Bauplan allen Lebens von den Göttern nach deren unantastbaren Willen manipuliert würde, um damit alles Leben ihrer alleinigen Befehlsgewalt zu unterwerfen.

Mit mächtig aufgeblähtem Egoglanz verkündeten die Götter deren Wahnsinn. Sie brüllten erstmals solch absurde Begriffe wie „Besitz“, „Eigentum“ oder „Unterwerfung“ in das sphärische Feld hinaus, Begriffe, die allem Leben auf Erden bis dahin völlig fremd waren. Kein einziges Lebewesen hatte zu jenem Zeitpunkt eine Ahnung, was mit „alleinigem Besitz“ überhaupt gemeint sei.

Gaia verstand zwar nicht, worin dieser Wahnsinn dieser Götter tatsächlich bestand, denn auch ihr waren diese Begriffe völlig fremd. Sie wusste bloß, dass diese Götter offenbar besessen waren und schon lange an einem sehr krankhaften Wahnsinn litten. Mit ihrem mütterlichen Instinkt begriff sie aber sehr schnell, dass ihr geliebtes Kind, die Spezies Mensch, in massiver Gefahr war. Sie begriff, dass diese kranken Götter den Menschen als ihr zentrales Opfer auserkoren hatten, auch wenn Gaia noch keine Vorstellung davon hatte, was diese im Schilde führten.

Es kam für sie nicht im Geringsten in Frage, diesen Planeten, ihren planetaren Körper diesen kranken Wesen zu überlassen. Es gab keine biologischen Codes, die sie hätte offen legen können, mit denen diese das biologische Leben weiter aufrechterhalten könnten. Denn sie selbst war das Leben dieser Erde. Es gab keinen von ihr unabhängigen Mechanismus, kein Funktionswerk, das von irgendjemand anderem hätte benutzt oder betrieben werden können. Sie selbst war die Biologie, ihr eigenes Wesen war das Leben, ihr Traumkörper erschuf den Raum und war Mutter allen physischen Lebens. Und ohne sie würde alles Leben, wirklich alles, was körperlich stofflich auf und in ihr existierte, verdorren und ausdörren, wie eine Pflanze, der das Wasser fehlte. Ohne sie würde alles Leben rasch zugrunde gehen.

Ihr klares und kraftvolles Nein verblüffte die aufgeblasenen Götter doch tatsächlich und kränkte sie in ihrem krankhaften Ego. Diese schlichte Abweisung der Erdenmutter interpretierten sie als Demütigung höchsten Grades und gerieten außer sich vor Zorn.

Es dauerte eine Weile, bis sie wieder einen klaren Gedanken fassen und einen Racheplan ersinnen konnten.

Gaia aber wusste, dass sie in den Göttern, erstmals in ihrem planetaren Leben, einen Feind hatte, einen unbarmherzigen, kranken Feind, der gerade wegen seines Wahnsinns gefährlich und heimtückisch war. Vieles würde sich nun ändern. Und sie befürchtete, dass der Entwicklungsplan jener Epoche, die gerade begonnen hatte, durch die massive Störung der Götter misslingen konnte.

Rache

Auch die Menschen spürten, dass es im Feld der Gaia zu störenden Unruhen gekommen war. Erstmals tauchte im Geist der Menschen der Gedanke des Besitzes und des persönlichen Eigentums auf, was die friedvolle harmonische Ordnung zu irritieren begann. Mit Schrecken stellte die Urmutter Gaia fest, dass ihr geliebtes Kind, der Mensch, nicht nur äußerlich den Göttern ähnlich war, sondern dass auch der Geist des Menschen mit deren Denkweise sehr leicht in Resonanz ging.

Die sozialen Unruhen, die durch den aufkommenden Eigentumsgedanken entstanden waren, mussten durch das Friedenswissen, das der Mensch bislang erworben hatte, geklärt werden. Die Menschheit war stark genug, um diese Herausforderung zu meistern. Die Menschheit wuchs daran und wurde dadurch erwachsener.

Doch das war nicht die einzige Irritation, die der Mensch in den sphärischen Feldern der Erde vernahm. Es war zunehmend eine Störung spürbar, die der Mensch nur schweren Herzens realisieren wollte. Vor allem die Priesterinnen der Stämme sahen, dass Gaia unter einer Belastung und unter einer Bedrohung litt, die von außen über sie hereingebrochen war. Die Lieder, die aus dem Inneren der Mutter Erde aufstiegen und den sphärischen Raum erfüllten, die Lieder, welche die Heile Matrix der Wirklichkeit erschufen, diese Lieder hatten ihre präzise Klarheit verloren und waren mit störenden Frequenzen durchmischt.

In die lebendigen und liebesstarken Hymnen der heiligen Lieder waren Sorge und Bedrückung mit eingeflossen. Der Raubbau an den Erzadern der Erde hatte die klare Wahrnehmbarkeit der Heilen Matrix, die reine Übermittlung der heiligen Lieder und Hymnen ebenfalls störend beeinträchtigt.

Nachdem die Götter jene Verstörung überwunden hatten, die aufgrund der Weigerung Gaias aufgeflammt war, als sie ihren planetaren Körper deren Herrschaft und Willkür nicht überlassen wollte, begannen sie einen Racheplan zu ersinnen. Sie hatten ihr, Gaia, die unzüchtigen Liebesspiele mit ihrem Geliebten Sohn des Lichtes verboten. Sie hatten ihr das strikte Liebesverbot auferlegt. Doch Gaia verstand nicht einmal, was diese damit überhaupt meinten.

Das ließ die krankhafte Eifersucht der Götter aufflammen und wurde zum Ziel der fiesen Rache. Sie planten, das Liebesspiel zwischen Gaia und dem Sohn des Lichtes dauerhaft zu stören. Sie hatten inzwischen erkannt, dass alles organische Leben in diesem Liebesspiel seinen Ursprung nahm. Sie wussten also, dass ein gänzliches Unterbinden dieser fruchtbringenden Liebe den baldigen Tod allen organischen Lebens nach sich ziehen würde. Sie wollten daher diese Liebe nicht gänzlich unterbrechen, sie aber auf ihren sachlichen und nüchternen Zweck, nämlich auf die Zeugung von Leben, reduzieren. Sie wollten die erfüllende Freude, das orgiastische sich Hingeben und sich Entäußern unterbinden. Diese sinnliche Freude war es ja, die ihre Eifersucht ständig krankhaft hatte auffahren lassen. Und diese erfüllende Freude, die sie nach und nach gänzlich von der Erde zu tilgen trachteten, gegen diese Freude begann ihr kalter Feldzug.

Sie erschufen in den höheren irdischen Sphären ein Irritationsfeld, dort, wo der Sohn des Lichtes beheimatet war und wo dieser sich dem kosmischen Liebesspiel mit seiner geliebten Gaia hingeben konnte. Dieses Irritationsfeld war eine Verfeinerung jenes trüben Nebels, mit dem sie die Verbindung des Sohnes des Lichtes zum Sternenmeister Ahau bereits empfindlich gestört hatten. Durch die Verfeinerung des Nebels und dessen Umwandlung in ein funktional ausgeklügeltes Irritationsfeld waren sie nun in der Lage, bewusst und gezielt Täuschungsbilder aufzubauen.

Dieses Irritationsfeld wurde zuerst lokal an manchen ausgewählten Stellen installiert. Die Götter wählten dazu gezielt energetisch intensiv aufgeladene Areale der Erde aus. Das erste Gebiet, dessen Atmosphäre von den Göttern derart beeinflusst wurde, war die geomorphologische Bruchlinie, die am See Genezareth beginnt, sich von dort den Jordan entlang nach Süden zieht, über das Tote Meer führt und schließlich ins Rote Meer mündet. Diese Bruchlinie betrachteten die Götter als einen ganz wesentlichen neuralgischen Punkt am Erdenkörper, von wo aus sie ihr Machtspiel und ihre Kontrolle über die Spezies Mensch auszudehnen gedachten.

Dort, in diesem Areal, installierten sie das erste Irritationsfeld in der irdischen Atmosphäre. Dieses Störfeld sollte danach schrittweise und konsequent erweitert werden und schließlich lückenlos den gesamten Erdball umschließen.

Über Jahrtausende hinweg arbeiten die Götter an diesem Feld nun bereits. Und heute haben sie, durch die ihnen zur Verfügung stehende, global einsetzbare Technik, die lückenlose Schließung dieses Störfeldes beinahe schon erreicht.

Das Irritationsfeld funktionierte durch Täuschungsbilder, durch immer klüger inszenierte Illusionen. Es war die Macht der Bilder, welche die Götter hier zu nutzen begannen. Und sie lernten durch das Einsetzen dieser Bilder die Menschheit so weit zu unterwandern, dass der Mensch heute unter einer nahezu vollkommenen geistigen Blindheit leidet, ohne sich dessen bewusst zu sein.

Die Täuschungsbilder sind hell glänzende Blendwerke, die das tatsächlich Lebendige überstrahlen, nach außen hin gigantisch und großartig erscheinen, innen aber gänzlich hohl und leer sind. Täuschungsbilder sind wie Nahrungsmittel, welche die Geschmackssinne täuscht, aber ohne Nährwert ist.

Diese Bilder täuschen Werte vor, wo sich keine Werte befinden. Für diese Vortäuschung von Werten eignete sich das Gold am besten. Das Gold, das heute der Menschheit als eines der wertvollsten Metalle erscheint, ist zwar ein schön glänzendes Metall, an sich aber gänzlich wertlos. Es eignet sich weder zur Herstellung von Werkzeugen, noch zu irgendwelchen anderen Gebrauchsgegenständen, da es viel zu weich und viel zu schwer dafür ist. Der vom Menschen definierte Wert des Goldes entspringt einzig und allein dem Glauben an dessen Wert. Und dieser Glaube ist ein gut inszenierter Bluff der Götter.

Die ersten Irritationsfelder wurden erzeugt, um das Erfüllende und das Freudvolle im Liebesspiel der Gaia mit dem Sohn des Lichtes zu unterdrücken. Das der Erde genommene Gold war nun das Grundmaterial für die Verfeinerung des trüben Nebels hin zum Irritationsfeld. Das Gold wurde zum Grundbaustein dieses fiesen Konstrukts, es baute das Gewebe dieses Feldes auf. Es wurde in jenen höheren irdischen Sphären installiert, in denen die Liebe, mit der sich der Lichtsohn der Erde hingab, seinen Ausgang nahm.

Dort entstand nun durch das Irritationsfeld eine störende Blendung der Wahrnehmung. Der Sohn des Lichtes verlor sein Gefühl für die liebenden Antworten und Reaktionen der Gaia. Das war wie Sex, bei dem man den Partner nur mehr verwaschen, wie in weiter Ferne vernahm und bei dem die Bewegungen des geliebten Körpers nur mehr vage gespürt werden konnten. Das war ein Liebesspiel ohne den prickelnden erotischen Reiz und mit nur sehr eingeschränkter Erfüllung.

Die Liebe der Gaia zu ihrem Geliebten musste ausweichen und sich andere Gebiete suchen, um Erfüllung und Freude erleben zu können. Doch die Götter arbeiteten gezielt an der Ausweitung dieses Irritationsfeldes und drängten so die freien irdischen Liebesfelder immer weiter zurück.

Das Irritationsfeld hatte noch einen weiteren Effekt, der den Göttern sehr zugute kam. Sie erkannten, dass sie dadurch gigantische spiegelnde Flächen erzeugen konnten, riesigen Bildschirmen gleich, über die sie einen direkten Zugang zu den Traumfeldern der Menschen erhielten. Sie konnten damit in die Träume ganzer Stämme eindringen und dort illusionäre Bilder einspielen. Sie konnten auf diese sehr subtile Weise den Geist der Menschen nicht nur manipulieren, sondern auch gezielt lenken!

Das lag nun daran, dass die Träume der Menschen nicht nur durch die heiligen Lieder der Gaia, sondern genauso auch durch das reine Licht des Urvaters, des Lichtsohnes, gespeist wurden. Die Menschen waren gewohnt, aus diesem reinen Licht Impulse und Informationen zu erhalten, die für sie in ihrem alltäglichen Leben hilfreich waren und die voller Inspiration ihr Leben bereicherten und erfüllten. Nun aber gelang es den Göttern, dort, wo sie diese Täuschungsspiegel errichtet hatten, nicht nur die hilfreichen Impulse des Urvaters abzudämmen, sondern auch jene Bilder, die ihrem eigenen Willen entsprach, den Menschen einzuspielen.

Die ersten Versuche, die von den Göttern dahingehend gestartet wurden, hatten eine phänomenale Wirkung. Sie staunten, wie sehr jene Menschen, deren Traumbilder manipuliert worden waren, dem Willen der Götter gehorchten. Die Götter hatten entdeckt, dass der Mensch über Bilder in höchstem Maße manipulierbar war. Und nicht nur das! Sie hatten auch ein ausgezeichnetes Instrumentarium gefunden, um es konkret für ihre eigenen Zwecke einzusetzen. Sie hatten das Werkzeug gefunden, mit dem sie den Menschen versklaven konnten!

Unglücklicherweise hatte Gaia durch ihren neuen Traum den Göttern den Weg für deren Täuschungsspiel unabsichtlich geebnet. Der neue Traum der Gaia hatte den Menschen auf die Spur des Lichtes, auf den Weg des Lichtes geführt. Der Mensch sollte seinen Wahrnehmungsfokus zum Licht hin ausrichten, seine Aufmerksamkeit erheben. Aber genau dort oben, wo der Mensch nun hinzublicken begann, genau dort hatten nun die Götter Stellung bezogen. Genau dort oben entstand ein illusionärer Götterhimmel, der nichts anderes zum Ziel hatte, als die Energie des Menschen dauerhaft abzusaugen.

Gaias Gemüt wurde traurig und betroffen, als sie dies erkannte.

Und dann gingen die Götter noch einen Schritt weiter. Sie nutzten die visionäre Kraft dieser riesigen Spiegel, um den Menschen im Alltag scheinbar real zu erscheinen. Die Götter konnten sich in jeder beliebigen Gestalt sichtbar machen und vor einzelnen Menschen oder gar vor ganzen Stämmen in Erscheinung treten. Die Götter liebten Glanz und Glorie und zeigten sich selbst in entsprechend blendender Gestalt. Solch visionäre Vorstellungen kosteten den Göttern zwar unwahrscheinlich viel Energie, doch der Effekt solcher Illusionsbilder war tatsächlich atemberaubend.

Mit den täuschenden Irritationsfeldern feierten die Götter einen Triumph auf allen Linien. Nicht nur, dass sie den Quell der ständig an ihnen nagenden Eifersucht, das sinnlich erotische Liebesspiel der Gaia, empfindlich stören konnten. Es war ihnen auch gelungen, den Schlüssel zum Wesen des Menschen, zu dessen Geist und zu dessen Seele zu finden.

Nun war es für sie an der Zeit, die vollkommene Machtübernahme der Erde vorzubereiten.

Der große Plan

Die Spezies Mensch, das lag auf der Hand, war aufgrund ihrer Ähnlichkeit mit den Göttern für diese leicht zu lenken und leicht zu manipulieren. Das visionäre Ziel der Götter bestand nun darin, weltweit die gesamte Menschheit als energetischen Wirt umzuprogrammieren. Der Mensch sollte ihnen, den Göttern, geistige und emotionale Energien liefern und ihnen so ein machtvolles und reiches Leben bescheren. Die ewige Wanderung durch den galaktischen Raum, ständig auf Suche nach brauchbarer Energie, die würde nun für lange, für sehr, sehr lange Zeit zu Ende sein. Hier hatten sie alles, was sie brauchten und das in Fülle. Die Götter wollten sich hier auf diesem Planeten niederlassen, darin waren sie sich inzwischen einig.

Der Mensch sollte zu einem ständigen Energielieferant für die Götter werden und er sollte dies von sich aus tun. Die Idee, wie dies bewerkstelligt werden sollte, hatte jener Gott, der seinen Namen niemals nannte und den sie daher „den Namenlosen" nannten. Er selbst nannte sich, wenn er den Menschen erschien, „Jahwe", was soviel bedeutet wie „Ich bin der ich bin". Das war zwar genauso nichts sagend, wie „der Namenlose", klang aber um ein Vielfaches besser und passte besser zu dessen besonders aufgeblähtem Ego. Dadurch, dass er seinen Namen nicht preisgab, meinte er, sich dadurch von den anderen Göttern in besonderem Maße abheben zu können. Er selbst betrachtete sich als einen vom Kosmos besonders Auserwählten, auserwählt ausgerechnet von jenem Kosmos, zu dem er die Verbindung längst verloren hatte.

Die Geheimhaltung seines Namens verschaffte ihm gegenüber den anderen Göttern einen weiteren Vorteil. Er wurde dadurch für diese unberührbar und vor allem weitgehend unangreifbar. Das, was er dachte und plante, konnte er besser im Verborgenen, im Unsichtbaren halten. Insgeheim bereitete er sich so auf jene subtilen Machtkämpfe vor, die er mit den anderen Göttern zu bestreiten hätte, sobald es um die Weltherrschaft ginge. Die Weltherrschaft war sein definitives Ziel. Doch dieses Ziel würde er solange als möglich verborgen halten. Er wollte für lange Zeit als völlig Unbedeutender, als Underdog unter den Göttern erscheinen. Die Götter, die sich gegenseitig sehr bald schon in territoriale Machtkämpfe verstricken werden, sollten ihn, den Unbedeutenden, links liegen lassen und ihre Aufmerksamkeit auf andere Dinge lenken. Diese Machtkämpfe würden kräfteraubend sein, während er, Jahwe, in Ruhe seine Kräfte sammeln konnte.

Und dann, im bestmöglichen Augenblick und absolut überraschend, würde er im Handumdrehen die Weltmacht an sich reißen.

Dieser Namenlose hatte die zündende Idee, wie die Götter die Menschen sehr bald schon zu bereitwilligen Energielieferanten machen konnten. Dieser Namenlose erfand die Anbetung. Sobald es gelang, die Spezies Mensch derart zu manipulieren, dass sie regelmäßig die Götter anbeteten, wäre ein bedeutender und andauernder Zufluss an Energien nachhaltig gelungen.

Jahwe schlug vor, die Menschen nicht um die Anbetung zu bitten, sondern diese zu befehlen. Unter Androhung von Strafe sollten sie dazu gezwungen werden. Die Gottesanbetung sollte zum ersten und zum wichtigsten Gesetz werden, dem sich jeder Mensch zu beugen hatte. Sobald ein entsprechendes Feld mit diesem Anbetungsgesetz etabliert war, würde dies für die Götter Reichtum und Fülle bedeuten.

Die Götter waren fasziniert von diesem Plan und sofort davon überzeugt. Sie begannen, diesen Anbetungszwang umgehend in den Geist der Spezies Mensch zu implantieren. Durch ihr glanzvolles und gleichzeitig bedrohliches Erscheinen, sowohl in der für den Menschen sichtbaren Welt, als auch in deren Träumen, war es für sie ein Leichtes, die Menschen ausreichend einzuschüchtern. Sie erklärten sich selbst als göttliche Wesenheiten, die den Menschen in allen Bereichen vollkommen überlegen waren. Sie erklärten den Menschen, dass sie, die Götter, alles in der Hand hätten und dass der Mensch gänzlich von ihrer Gunst abhängig wäre, sowie grausam unter ihrer Missgunst zu leiden hätte. Sie konnten Unheil über einen Stamm, ja über ein gesamtes Volk hereinbrechen lassen, wenn sie es nur wollten. Sie, die Götter, könnten günstiges oder katastrophales Wetter machen, sie könnten eisige Winter und ausdörrende Sommer auslösen, sie könnten Hungersnöte über ganze Landstriche hereinbrechen lassen, wenn ihnen die ihnen zustehende Huldigungen und Opferungen nicht gewährt wurden. Der Mensch würde gut daran tun, diese Götter zu fürchten.

Und der Mensch begann zu beten.

Da dieser Anbetungszwang sehr rasch unter den Menschen etabliert worden war und den Göttern unbeschreiblichen Energiereichtum brachte, sannen die Götter nach, wie sie dies ausweiten und vermehren konnten. Die Lösung dafür lag auf der Hand. Sie würden alles daran setzen, die Population der Menschheit um ein Vielfaches zu vermehren, etwa zu verzehnfachen. Je größer die Schar jener war, welche die Götter anbeteten, desto reicher war der energetische Gewinn, den diese daraus gewinnen konnten.

Ein weiteres zentrales Vorhaben der Götter bestand darin, das globale Friedens- und Liebesfeld der Erde schrittweise und konsequent in ein Angst- und Gewaltfeld umzuwandeln. Es sollte ein ständig schwelendes Kriegsfeld entstehen, denn nur so konnten die Götter sicher sein, sich ohne große Anstrengungen auf diesem Planeten dauerhaft halten zu können. Ein Kriegsfeld entsprach ihren eigenen Feldmustern um ein Vielfaches besser, als das zu dieser Zeit umfassend wirksame Friedensfeld.

Sie wollten dabei alles daran setzen, um vor allem die sinnliche, freudvolle und freie Liebe der Menschen zu unterbinden. Diese freie Liebe und die damit immer wieder auflebende sinnliche Lebensfreude entzog den Menschen dem Zugriff der Götter. Die Untersuchungen der Götter hatten ergeben, dass ein Mensch, der soeben eine sexuell erfüllende Vereinigung erlebt hatte, auf die in seine Träume eingespielten Täuschungsbilder nicht ansprach. Die Liebe und die Sexualität mussten daher dringend diffamiert werden, die damit verbundenen Freuden mussten mit Schuld belastet werden, um die Manipulierbarkeit des Menschen zu perfektionieren.

Ein umfassendes Kriegsfeld hatte noch einen weiteren, für die Götter durchaus reizvollen Nebeneffekt. Sie konnten die Menschen wie Marionetten verwenden, sie konnten einzelne Stämme für sich in den Krieg ziehen lassen und sie konnten so gegeneinander, Gott gegen Gott, ihre Kräfte messen. Die Götter beschlossen daher, von nun an wie in einem groß angelegten planetaren Spiel ihre Machtkämpfe mittels einander bekämpfender Menschenheere auszufechten. Der Ehrencodex der Götter bestand bald darin, sich nicht mehr direkt gegeneinander zu wenden, sondern sich Stämme und Völker unter den Menschen zu suchen, die zu ihren Repräsentanten wurden. Besiegte der Stamm des einen Gottes den eines anderen, so bedeutete das für den Sieger sowohl einen Machtgewinn, als auch einen territorialen Gewinn. Das besiegte Volk gehörte dem siegreichen Gott, sobald es diesen anzubeten begann.

Die unter diesem Kriegsfeld sich aufbauenden Emotionen, wie Wut und Hass, würden ebenfalls den Göttern zugute kommen, wenn sie nur Wege fanden, diese emotionalen Energien für ihre eigenen Zwecke zu nutzen. Emotionen wie Wut und Hass, entsprachen durchaus den Feldmustern der Götter und konnten so hervorragend zur Mehrung und Stärkung ihrer persönlichen Kraft von ihnen aufgenommen werden. Wut und Hass waren ausgesprochen machtvolle Kräfte, welche die Götter in ihr eigenes Feld mit deutlichem Energiegewinn integrieren konnten.

Ein Kreislauf der Gewalt und des Hasses war ein Kreislauf, der den Göttern allumfassend diente. Auch dieser Vorschlag fand im Kreis der Götter eine breite Zustimmung.

Die Götter teilten sodann die planetaren Territorien untereinander auf und begannen ihr fatales Spiel mit den Menschen.

Der Namenlose, Jahwe, wollte vor allem das Gebiet am Jordan unter seine Herrschaft bringen.

Das Ebenbild Gottes

Nahezu gleichzeitig begannen die Götter, unter fast allen Stämmen der Menschen, Täuschungsbilder in die Träume der Menschen einzuspielen. Die Menschen waren, ihrem Auftrag gemäß, den sie aus Gaias Träumen bezogen hatten, offen gegenüber allem, was von oben kam. Der Glanz und der falsche Schein, mit dem ihnen die Götter erschienen, waren dem reinen Licht, auf das sie sich ausrichten sollten, tatsächlich zum Verwechseln ähnlich. Die dem Menschen fehlende Erfahrung mit dem reinen Licht wurde ihnen so zum Verhängnis.

Die Spezies Mensch suchte nach dem Licht. Und sie fand in den höheren Sphären eine Vermischung von konträren Lichtmustern, die sie nicht unterscheiden konnte. Der Mensch sah gleichzeitig sowohl das reine Licht ihres Urvaters, als auch das täuschende Licht der trügerischen Götter, die den Urvater, den von der Gaia geliebten Sohn des Lichtes, bereits weitreichend verdrängt hatten. Daher entwickelte sich im Geist der Menschheit eine unklare und widersprüchliche Bilderwelt. Der Mensch hatte keine Chance, das klare, kristallene Licht des Urvaters vom trügerischen Glanz der Götter zu unterscheiden. Der Mensch hatte keine Erfahrung auf diesem Gebiet und glaubte das, was er sah wie ein leichtgläubiges Kind. Und die Entwicklung im Mann, die auf die Entdeckung der Kraft und des inneren Lichtes ausgerichtet war, begann rasch fehl zu laufen.

Die Götter erschienen dem Menschen in glänzender Gestalt in deren Träumen. Das Strahlen der Götter faszinierte die Menschen und an der Echtheit dieser Szenarien zweifelte kaum einer, da diese Träume oft gleichzeitig von vielen Menschen geträumt wurden.

Gaias Auftrag an den Menschen bestand darin, das Licht zu suchen. Und nun war den Menschen dieses Licht in Form der Götter erschienen! Die Menschen wähnten sich eindeutig auf dem richtigen Weg, auch wenn manch eine Priesterin ihre Bedenken meldete. Die Frequenzmuster dieses trügerischen Lichtes entsprachen keineswegs jenen, von denen Gaia in ihren heiligen Liedern erzählt hatte. Das Licht der Götter war zwar glanzvoll, aber gänzlich glatt und ohne wirkliches Leben. Es fehlte diesem zu strahlenden Schein jene faszinierende Schönheit, die den Liedern der Gaia stets innewohnte. Und die Wirkung dieser häufig sehr grellen Lichterscheinungen war diffus, verwirrend und befremdend.

Die Priesterinnen verspürten außerdem die unruhigen und mit Traurigkeit durchzogenen Gesänge der Erde. Sie erkannten in diesen melancholischen Liedern klare Warnungen vor jenen Trugbildern, die in den nächtlichen Traumbildern strahlende Gottesgestalten zeigten. Die Erde warnte vor der Gefahr dieser Bilder und die Priesterinnen verkündeten das, was sie wahrgenommen hatten.

Und dennoch, man glaubte ihnen nicht. Der Glanz, der die illusionären Bilder stets begleitete, hatte eine verführerische Macht über den Geist der Menschen und unterdrückte die im Herzen verspürten Diskrepanzen. Zu ähnlich war der Geist des Menschen jenem der Götter, zu groß war die Resonanz, die von den göttlichen Erscheinungen im Menschen ausgelöst werden konnte.

Die Warnungen der Priesterinnen verhallten wirkungslos. Die Träume vom Glanz der Götter wurden immer häufiger. Und die auftretende Verwirrung lastete man allmählich den Priesterinnen an. Hatten nicht diese selbst schon vor langer Zeit den großen Wandel verkündet? Hatten nicht die Priesterinnen in ihrer eigenen Schau gesehen, dass das Licht gefunden werden sollte, dass im Licht die Zukunft lag? Und nun, da das Licht in den Träumen erschienen war, soll das plötzlich ein Irrtum, eine Täuschung sein?
Die Menschen glaubten das, was sie glauben wollten.

Fatal war die Entwicklung auch aus anderem Grund. Erstmals in der Geschichte der Menschheit wurde die Kraft des Lichtes mit einer Gottheit gleichgesetzt. Licht und Gott waren zu Begriffen geworden, die sich immer weiter annäherten, um schließlich eins zu werden. Dachte der Mensch an Licht, so dachte er ebenfalls an Gott und umgekehrt. Der Mensch war auf seiner Suche nach dem reinen Licht den Göttern fatal in die Falle gelaufen.

Die Menschen, denen von Gaia aufgetragen worden war, das Licht zu suchen, begannen allmählich, Gott zu suchen. Ein fataler Irrtum und eine fatale Fehlentwicklung in der Geistesgeschichte der Menschheit! Sobald ein Mensch nach Gott suchte, wurde er zur leichten Beute dieser kranken und Energie raubenden Götter.

Nachdem sich das allgemeine Geistesfeld zugunsten der Götter geöffnet hatte, begann der Mensch die Ankunft der Götter als die Ankunft des Lichtes zu feiern. Die Menschen jubelten, wenn sie den Göttern begegneten. Die Menschen fühlten sich geehrt, wenn sie von ihnen träumten. Die Menschen bezeichneten sich selbst als Auserwählte und als besonders Begünstigte, wenn ein Gott sie ansprach oder wenn ein Gott sie gar ständig führte. Jene, die den Wahn der Götter in sich einließen, wähnten sich allmählich als etwas Besseres, als überlegen gegenüber anderen. Die Menschen verlangten in inbrünstigen Gebeten nach den Gottesträumen und nach deren Führung. Und sie bekamen diese auch.

Das war der Augenblick, auf den die Götter gewartet hatten. Nun begannen sie, den Geist der Menschen mit Glaubenssätzen zu füttern.

Der erste Glaubenssatz, der den Menschen implantiert wurde, war die Behauptung, dass sie, die Götter, alles erschaffen hätten. Die Götter besaßen doch tatsächlich die Dreistigkeit zu behaupten, dass ausgerechnet sie die Erschaffer aller Dinge, die Erschaffer aller Tiere, die Erschaffer aller Pflanzen, die Erschaffer der Ozeane, der Flüsse und der Berge wären. Die Götter gingen sogar soweit zu behaupten, dass sie die Erde erschaffen hätten!

Im Rausche ihres selbsternannten Erschaffungswahns erzählten die Götter sodann den Menschen, dass sie auch den Himmel und die Sterne selbst, mit eigenen Händen, gemacht hätten.

Der Gedanke des Erschaffens war der Denkweise der Menschen jener Zeiten ziemlich fremd. Denn das bedeutete ja, dass plötzlich etwas da war, was zuvor nicht existiert hätte. Was also soll dann davor, vor der Erschaffung allen Lebens und allen Seins, gewesen sein? Die Menschen spürten sehr wohl, dass hier etwas nicht stimmen konnte. Sie spürten, dass immer alles existiert haben musste und dass es keinen Anfang gab. Sie spürten, dass alles ein Spiel der Wandlung ist, dass sich alles verändert und in unterschiedlicher Gestalt in Erscheinung tritt, dass es aber kein plötzliches „Gemachtwerden“ gibt. Es gibt nichts, was nicht schon immer existiert hat. Eine plötzliche Schöpfung aus dem Nichts ist kosmisch unmöglich.

Doch all das wussten die Menschen nicht klar auszudrükken. Der Gedanke der Schöpfung war gänzlich neu für sie und das glanzvolle Erscheinen der Götter zu überzeugend, als dass sie sich lange gegen diesen Glaubenssatz zur Wehr setzen konnten.

Die Götter wurden als Schöpfergötter akzeptiert, als Erschaffer von allem, auch als die Erschaffer der Spezies Mensch. Und allmählich bekam dieser Gedanke etwas Reizvolles. Denn war nicht die glanzvoll mächtige, den Menschen in allen Punkten überlegene Erscheinungsform der Götter ein deutliches Indiz dafür, dass sie, die Götter, tatsächlich Schöpfergötter waren? Wenn diese Schöpfer nun zu ihnen, zu den Menschen gekommen waren, dann konnte das doch als besondere Ehre angesehen werden.

Der Mensch glaubte an die Schöpfung. Und er glaubte daran, seinem Schöpfer nun begegnet zu sein.

Und da setzten die Götter sofort nach.

Sie, die Schöpfer des Himmels und der Erde, die Erschaffer der Tiere, der Berge und Täler, die Erschaffer von allem und die Erschaffer des Menschen, sie mussten in angemessener Weise auch angebetet werden. Ihnen alleine gebührten die Huldigungen und die Ehrerweisungen. Der Mensch hätte sein Haupt vor den Göttern zu neigen und ihnen zu danken für alles, was er von ihnen erhielt.

Der Mensch, dem es bislang vollkommen klar gewesen war, dass er alles, was er zum Leben brauchte, von der Urmutter Gaia, von Mutter Erde bekam, war anfangs über die Dreistigkeit dieser Götter doch erstaunt. Die Götter aber beriefen sich auf genau das, woran der Mensch bereits glaubte. Nämlich darauf, dass sie, die glanzvollen Götter, die Schöpfer von allem wären. Sie, die alleinigen Schöpfer, waren auch die Erschaffer der Erde. Alles also, was von der Erde dem Menschen zuströmte, entstammte daher ursprünglich von ihm, dem Gott.

Auch dagegen konnte der Geist des Menschen nicht argumentieren und beugte sich dem Gebot der Anbetung noch inniger als bisher, auch wenn die Auferlegung einer derartigen Pflicht etwas gänzlich Ungewohntes war.

Die Götter schlugen die Schaffung von Priesterämtern vor, welche die Aufgabe übertragen bekamen, die Anbetung der Götter zu überwachen. Und so geschah es, dem Willen der Götter gemäß.

Tief war die Trauer Gaias, die mit ansehen musste, wie das von ihr so sehr geliebte Kind Mensch mehr und mehr von ihr entfremdet wurde. Im Laufe der folgenden wenigen Jahrhunderte wurden die Priesterinnen, die den Einklang mit Gaia gesucht hatten, immer mehr von einer männlich dominierten Priesterschaft verdrängt, die mit beängstigender Strenge und subtiler Gewalt über die Einhaltung des Anbetungsgebotes wachte.

Der nächste Glaubenssatz war in seiner Hinterhältigkeit ein genialer Streich und ein schwerer Schlag gegen die freie Entwicklung des Menschen. Denn diese Behauptung hatte eine wahre Wurzel und infizierte den Menschen erstmals mit dem krankhaften Ego der Götter.

Die Träume, welche die Götter dem Menschen vermehrt einspielten, hatten nun ein vorrangiges Ziel: Der Mensch sollte erkennen, wie ähnlich er den Göttern doch war. Er, der Mensch, hatte als einzige Spezies jene Gestalt, die jener der Götter weitestgehend glich. Er, der Mensch, war das Ebenbild Gottes! Der Mensch war das Ebenbild seines eigenen Schöpfers!

Bedeutete das nicht auch, dass er, der Mensch, die Krone der Schöpfung sein musste, das Meisterwerk und der krönende

Abschluss der Schöpfertätigkeit Gottes? Wenn nun er, der Mensch, die Krone der Schöpfung war, so musste die Spezies Mensch doch eindeutig wertvoller sein und höher stehen, über den anderen Spezien! Besaß dann nicht der Mensch, das Ebenbild Gottes und die Krone der Schöpfung, das von den Göttern gegebene Anrecht auf die Vorherrschaft über das Leben auf Erden?

Das bedeutete, dass der Mensch über den Tieren stand und über diese herrschen konnte. Daraus ergab sich doch auch das „Recht", dass der Mensch jedes Tier jederzeit behandeln und benutzen konnte, wie es ihm beliebte. Und allmählich glaubte der Mensch, dass er berechtigt wäre, ein Tier zu töten, wann immer er es wollte.

Der Mensch stünde über allem anderen Leben, das begann er zu glauben. Er fühlte sich als die gegenüber allem anderen erhabene Spezies. Und genau dadurch wurde der Menschen erstmals mit einem überheblich kranken Ego infiziert.

Die Ähnlichkeit des Menschen mit der Gestalt der Götter war in der Tat verblüffend. Das lag daran, dass die Götter, die aus den Tiefen der Galaxie als Gefolge des Luzifers hierher gekommen waren, denselben Ursprung hatten, wie die Spezies Mensch. Daher war auch der Mensch für dieselben geistigen Krankheiten anfällig, wie die Götter. Und darum war es wohl so einfach gewesen, den Menschen mit dem Wahnsinn der Götter zu infizieren.

Jahwe, der Namenlose, ging noch einen Schritt weiter, denn er war klüger und vor allem gerissener, als die anderen Götter. Er brachte die laufende Entwicklung genau auf den Punkt. Er verkündete den Menschen, dass es deren Auftrag wäre, sich die Erde untertan zu machen. Der Mensch sollte über die Vögel unter dem

Himmel herrschen, über die Fische im Wasser und über jedes Tier, das auf der Erde lebte.

Und nicht nur das! Er sollte sich auch grenzenlos vermehren und die Erde füllen, sowie jeden Ort auf der Erde in Besitz nehmen.

Trotz massiver Gegenwehr im Geist des Menschen beharrte er darauf konsequent und verlieh diesem Befehl mit besonders machtvollem Auftreten einen außergewöhnlichen Nachdruck. Er wiederholte seine Worte immer wieder:

„Seid fruchtbar und mehrt euch. Füllt die Erde. Macht sie euch untertan und herrscht über die Fische im Meer, über die Vögel unter dem Himmel und über jedes Tier, das auf Erden lebt." Hatte nicht Gaia selbst dem Menschen aufgetragen, sich selbständiger zu machen? War es nicht Gaias eigener Wunsch gewesen, dass der Mensch und vor allem der Mann seine Kraft erkannte? Und nun befahl er, Gott, dem Menschen, dies auch gebührend in die Tat umzusetzen.

Erste Kriegsfelder

Bereits nach diesen ersten gewaltsamen Attacken gegen den Geist des Menschen war es den Göttern gelungen die Menschheit zu spalten. Der Mensch war dem Diabolon, dem trennenden Prinzip, das im Geist der Götter vorherrschend war, nicht gewachsen und verlor an diese nach und nach seine Eigenständigkeit.

In manchen Stämmen fruchteten die Glaubenssätze der Götter rascher. In anderen Stämmen aber, dort, wo die Priesterinnen mit ihrem Friedenswissen und ihrer feinfühligen Nähe zur Mutter Erde widerstandsfähiger waren, konnte noch über Jahrhunderte hinweg das Liebesfeld aufrechterhalten werden.

Die Priesterinnen erkannten die drohende Gefahr. Sie sahen, dass das Bewusstseinsfeld der Menschheit und das der gesamten Erde zu kippen drohte. Das einst so reine Friedens- und Liebesfeld geriet immer massiver unter Druck, wurde verdrängt und ein schleichend kühler werdendes Kriegsfeld breitete sich aus wie ein Geschwür. Das Frequenzmuster der Angst und der Gewalt wurden allmählich feldbestimmend.

Jene Völker, die den Einklang mit der Urmutter Gaia noch in sich bewahren konnten, begannen Gegenmaßnahmen zu ergreifen. In ihren Visionen sahen sie erschütternde Bilder. Wenn sie mit der Urmutter sprachen, konnten sie die abgrundtiefe Trauer im Herzen der Gaia kaum ertragen. Sie sahen, dass das Feld nicht mehr zu retten war und zu einem Gewaltfeld sich verfremden würde. Sie sahen, dass sie nur mehr eine zeitlang fähig sein würden, das Friedenswissen und das Liebeswissen feldbestimmend aufrecht zu erhalten. Zu klug und zu durchtrieben war der Geist der Götter bereits in den Geist des Menschen eingedrungen. Zu geschickt hatten die Götter sich bereits an strategisch klugen Positionen verankert. Der Wahnsinn der Götter breitete sich mit atemberaubender Geschwindigkeit unter den Menschen aus. Und dennoch wussten jene Völker, die noch im Einklang lebten, allen voran deren Priesterinnen, dass sie jetzt aktiv werden mussten. Sie sahen in ihren Visionen, dass sie nicht die geringste Überlebenschance hatten, dass sie alle untergehen würden. Sie sahen aber auch, dass sie einst wiederkehren würden, dass sie einst eine Wende würden herbeiführen können, auch wenn Jahrtausende vergehen sollten. Und dafür, für die einst wieder stattfindende Wende zum Einklang hin, dafür mussten sie bereits jetzt die Samen säen.

Jene, die dem Wahnsinn der Götter folgten, rüsteten sich und begannen Waffen zu schmieden. Erstmals in der Menschheitsgeschichte wurden Kriege gegen Nachbarvölker in Erwägung gezogen und allmählich auch durchgeführt! Jene, die dem Wahnsinn der Götter anheim gefallen waren, betrachteten allmählich all die anderen Stämme, die im Einklang mit der Urmutter verblieben waren, als Feinde. Die Götter begannen bereits mit ersten Aufhetzungen und mit kriegerischer Propaganda gegen die Stämme des Einklangs. Die Stämme des Einklangs wurden als Verräter gegenüber dem Licht und als Feinde Gottes bezeichnet. Die Schuld für alles Unheil, das sich in einem Stamm nun ereignete, wurde allmählich nach außen, auf den „Feind" projiziert. Das Wort, das einst „der andere" bedeutet hatte, wandelte sich inhaltlich allmählich zu „der Fremde" und schließlich zu „der Feind". Erstmals in der Menschheitsgeschichte wurde über Feindschaft gesprochen und die Vernichtung der Feinde als „gottgewollt" angesehen, sehnlichst herbeigewünscht und mit erschreckend fanatischem Eifer betrieben.

Der Feind, der dem ehrwürdigen Schöpfergott nicht ausreichend Ehre und Anbetung zuteil werden hat lassen, trug die Schuld für Missernte, für Krankheit und Unheil. Dieser Feind musste vernichtet werden, das forderten die Götter. In den Träumen der Menschen erschienen die Götter mit drohender Gebärde und verlangten, unter Androhung weiteren Unheils, den Tod der Feinde. Die von den Göttern auserwählten Propheten verkündeten den gerechten Krieg.

Das Priesteramt der Götter blühte auf und allerorts traten Propheten auf, Lieblingskinder der Götter, die als Zeichen ihrer Auserwähltheit die eine oder andere magische Gabe übermittelt bekommen hatten. Die Menschen folgten dem Wahnsinn der Propheten. Und wer sich dem widersetzte, wurde mit grausamer Gewalt dazu gezwungen oder vernichtet.

Im Namen der Götter wurden Kriege heraufbeschworen. Doch nur jene Stämme, die sich den Göttern anvertraut hatten und die den Göttern huldigten, erlernten die Fähigkeit der Bewaffnung und die Fertigkeit des Tötens. Die Göttervölker wurden, unter der Führung ihrer jeweiligen Stammesgötter, zu Kriegsvölkern. Diese Völker erfanden die Fertigkeit des Waffenschmiedens, diese Völker griffen zum Schwert.

Einst war der Kelch das Sinnbild dieser Stämme gewesen, das Symbol für die Fähigkeit, sich hinzugeben, die Fähigkeit, in Einklang zu gehen mit den Liedern der Mutter Erde und mit dem universellen, kosmischen Sein. Doch nun wurde der Kelch durch das Schwert verdrängt, durch das Symbol der Gewalt, das Symbol des Krieges, das Symbol der Trennung, das Sinnbild für das Diabolon, das trennende und verurteilende Prinzip.

Das Schwert war das Symbol für die gänzlich falsch verstandene Kraft des Mannes. In sich selbst hätte der Mann das Licht suchen sollen, um es heilbringend für seinen Stamm und für die gesamte Menschheit zu entfalten. Das Licht war seine neue Kraft, die Wärme gab und die ihn zum gereiften Geliebten hätte werden lassen. Doch anstatt dieses Licht in sich selbst zu ergreifen, wählte er die Gewalt. Nicht die Kraft war es, die er mit dem Schwert in Händen hielt, sondern die erzwungene Herrschaft, die doch immer nur von innerer Schwäche zeugt.

Der Mann begann sich und seinen Stamm zu bewaffnen und dadurch nach außen hin Kraft vorzutäuschen. Doch dies höhlte die tatsächliche Kraft des Stammes, die Fähigkeit zur Liebe und die Kunst der sexuellen Vereinigung mit der Frau, zusehends aus. Außen erschien der Mann mächtig und kraftvoll, doch in seinem Inneren begann er zu verkümmern. Die Sehnsucht und die Erwartung der Frau, im neuen Mann einen gereiften Liebhaber und in der sexuellen Vereinigung mit ihm neue Erfüllung zu finden, wurden vollkommen enttäuscht.

Die Stämme des Einklangs griffen nicht zum Schwert. Der Einklang mit der Urmutter und die Gewalt des Schwertes waren einander ausschließende Kräfte. Jene Stämme, die den Einklang suchten, blieben waffenlos.

Düster waren die Visionen, die von den Priesterinnen in ihrer Schau mit der Mutter Erde gesehen wurden. Es war ihnen klar, dass die Stämme des Einklangs gegenüber der kriegerischen Gewalt machtlos waren. Sie würden nach und nach von den kriegerischen Völkern vernichtet werden. Sie würden auf der sichtbaren Ebene, auf der Ebene der stofflichen Existenz, nach und nach alles verlieren. Sie würden so nach und nach vom Antlitz der Erde gänzlich verschwinden. Aber sie würden auf der anderen Seite im Feld der Erde verbleiben, auf anderen Ebenen wirken und auf ihre Zeit warten. Ihre Zeit würde wiederkehren.

Die Schau der Priesterinnen deutete immer wieder darauf hin, dass die Stämme des Einklangs für lange Zeit nicht mehr als Stämme würden erscheinen können. Die Visionen der Priesterinnen sagten, dass sie von der Oberfläche der Erde verdrängt würden und sich zurückziehen mussten. Langsam und gezielt sollten sie diesen Rückzug ins Exil auf anderen Ebenen vorbereiten. Von dort würden sie wiederkehren, als einzelne, zumeist als Einzelkämpfer oder in kleinen Gruppen, aber lange nicht mehr als ganzer Stamm oder gar als großes Volk.

Diejenigen, die wiederkehrten und vom kranken Geist der Götter nicht infiziert worden waren, würden einander erkennen, wenn sie sich begegneten. Dann würden sie auf das Feld einwirken können, ohne aber fähig zu sein, den großen Wahnsinn im Feld gänzlich zu heilen. Sie würden aber Impulse setzen, Impulse, die wichtig waren für die Zeit, die kommen würde.

Sie sollten sich zurückziehen auf jene unsichtbaren Ebenen, welche für die Götter sowohl unerreichbar, als auch uninteressant waren. Dort, auf den anderen Ebenen, sollten sie verweilen, ohne mit der diabolischen Krankheit des Feldes zu sehr in Berührung zu kommen. Auf dieser anderen Seite würde das Feld der Heilen Matrix weiterhin existieren. Sie, die Stämme des Einklangs, waren jene, die das heilige Feld der freien Liebe und des umfassenden Friedens im Menschengeschlecht aufrechterhalten sollten und mussten. Sie, die Stämme des Einklangs, die ins Exil gehen mussten, waren die Hoffnungsträger der Menschheit. Wenn einst der umfassende Friede und die freie Liebe wieder feldbestimmend werden konnten, dann nur deshalb, weil sie es im Geist der Menschheit aufrechterhalten hatten.

Doch noch verblieb ihnen Zeit. Noch konnten sie sich auf der Erde halten. Und noch ein letzter Auftrag blieb für die Stämme des Einklangs zu tun, ehe sie sich aus den stofflich sichtbaren Ebenen zurückziehen durften.

Um diesen letzten Auftrag zu verstehen, brauchten die Priesterinnen klare und reine Antworten von der Urmutter. Doch dazu mussten sie allmählich in die Tiefe der Erde, ins Innere der Erde hinabsteigen. Zu sehr hatte die Gewalt der Kriege das Feld bereits getrübt und mit einem diffusen Rauschen durchzogen, das sich allmählich über die klare Stimme, den klaren, heilsamen und reinen Gesang der Gaia gelegt hatte. Auch die Verletzung der Erzadern, vor allem der unsanft rohe Abbau des Eisens, hatte empfindliche Störungen im sphärischen Feld erzeugt. Die klare und reine Kommunikation mit Gaia war schwierig geworden, aber nicht nur diese. Auch die telepatische Kommunikation unter den Stämmen verlor allmählich an Klarheit und brach zeitweise bereits vollkommen ab.

Die Priesterinnen mussten allmählich ins Innere der Erde ausweichen, wenn sie klar und rein mit der Erde kommunizieren wollten. Die Stämme des Einklangs schufen daher, besonders in ihrem geistigen Zentrum auf Malta, hoch komplexe Bauwerke im Erdinneren. Dort zogen sich die Priesterinnen zurück, wenn sie den Rat und auch den Trost der Erdenmutter suchten. Dorthin gingen sie, um diese sonderbaren und bedenklichen Entwicklungen verstehen und deuten zu können. Dort sahen sie in ihren Visionen ein düsteres Zukunftsbild. Sie spürten die Tränen der Erdenmutter, erkannten aber gleichzeitig im Herzen der Gaia eine unerschütterlich tiefe Hoffnung.

Der letzte Auftrag der Friedenskultur bestand darin, das Friedenswissen für spätere Generationen zu erhalten, es für spätere Generationen abrufbar zu machen. Es würden Jahrtausende vergehen, ehe dieses Wissen wieder feldbestimmend werden könne. Und bis dahin sollte das Friedenswissen auch in den sichtbaren Ebenen anwesend bleiben.

Der Auftrag der Erdenmutter bestand darin, monumentale Steinkreisformationen zu errichten. Die Orte, an denen die Steinkreise aufgebaut und die Art, wie sie formiert wurden, mussten dabei genauestens den Liedern der Heilen Matrix entsprechen. Gaia selbst sang die Lieder, die in den Formationen der Steinkreise zum Ausdruck gebracht wurden. Jeder Stein stand zu jedem anderen in einer vielfältigen hochenergetischen Beziehung. Jeder Stein für sich repräsentierte ein eigenes Lied, während die gesamte Formation einen großen Hymnus, geboren in den Liedern der Gaia, repräsentierte.

Auch die verschiedenen Steinkreise selbst wurden zueinander in eine genaue Beziehung gesetzt. Über die noch funktionierenden und eigens dafür neu aufgebauten telepathischen Netze wurde ein großer, zusammenhängender Bauplan für die Umsetzung dieses Vorhabens erstellt und ständig weiterentwickelt. Über mehrere Jahrhunderte hinweg wurde an der Umsetzung dieses Planes gearbeitet.

Die Steine wurden unter der Leitung der Priesterinnen von den Stämmen besungen und eingeweiht. Das gesamte Friedenswissen, das Wissen um die Heiligkeit der Liebe und der Sexualität wurden den Steinen übertragen und in deren kristalline Struktur eingeprägt.

Das dadurch gespeicherte Wissen war bald im gesamten Netzwerk der Steinkreise präsent. Das bedeutet, dass das gesamte Wissen jederzeit über jeden einzelnen dieser Steine abgerufen werden konnte. Es war eine riesige Wissensbibliothek entstanden, die allerdings um vieles großartiger war, als eine bloße Ansammlung von vielen Büchern. Bei verschriftlichtem Wissen beinhaltet jedes einzelne Buch ein spezielles Wissen, einen speziellen Wissensbereich. Das Netzwerk der Steinkreise war aber holistisch aufgebaut, ein großartiges holografisches Netzwerk, in dem alles in jedem Teil, ja in jedem einzelnen Atom vorhanden war.

Die Zerstörung von Steinkreisen, die in späteren Zeiten besonders von den katholischen Kirchen angeordnet worden war, konnte daher das Wissen nicht zerstören. Dieses Wissen blieb präsent, auch wenn einzelne Steinkreise der Zerstörungswut eines Gottes oder eines fanatisierten Gottesmannes zum Opfer gefallen waren.

Dem bedingungslosen Einsatz der Priesterinnen und den Stämmen des Einklangs jener Zeit ist es zu verdanken, dass parallel zum Kriegsfeld der Götter immer, wenn auch im unterdrückten Verborgenen, ein Friedensfeld lebendig geblieben war. Auch wenn heute die Matrix der Gewalt weltweit feldbestimmend geworden ist, war doch die Heile Matrix nicht vollkommen verdrängt worden. Das gesunde Gewebe der Heilen Matrix hat immer und überall Nischen im kranken Gewebe der Angstmatrix gefunden und ist wirksam geblieben.

Die Götter verstanden den Sinn, der hinter den Aktivitäten der Priesterinnen stand, erst sehr spät. Zu fremd ist für die analytische und lineare Logik der Götter das holistische, das ganzheitliche Sein der Heilen Matrix. Und zu sehr war die Aufmerksamkeit der Götter von den Kriegsspielen fasziniert und gebannt, in denen sie für ihre Machtkämpfe die Menschen wie Marionetten benutzten.

Die Unterdrückung der Weiblichkeit

Es war schließlich Jahwe, der als erster unter den Göttern klar erkannte, dass die Frau, insbesondere die Priesterinnen, die Ausweitung deren Macht behinderten. Die Priesterinnen und deren Wissen störten nicht nur die Machtausweitung der Götter, sondern besonders ihn, Jahwe, und seinen Anspruch, zum höchsten Führer der Götter und letztlich zum alleinigen Gott zu werden.

Die Frauen hatten durch die Entwicklungen der vergangenen mehr als 5000-jährigen Epoche einen beachtenswerten Entwicklungssprung vollzogen. Sie waren kraftvoll geworden. Und sie waren in sich wesentlich gefestigter, als die Männer es waren. Die Frauen waren im Grunde wesentlich schwieriger zu täuschen. Am stärksten wirkte auf sie eine illusionäre Täuschung dann, wenn ihnen ein Mann erschien, der ihnen glaubhaft vorgaukeln konnte, dass er innerlich stark in sich ruhte, dass er kraftvoll war und sein inneres Licht gefunden hätte. Manch eine der Priesterinnen ließ sich von der Erscheinung solch eines Trugbildes in die Irre führen. Die Frau sehnte sich offenbar so sehr nach einem starken, in sich ruhenden Liebhaber, nach einer neuen Erfüllung vor allem in der sexuellen Liebe. Genau das hatten die Götter erkannt und genau das konnten die Götter den Frauen zeitweise vorspielen. Das Problem bestand nur darin, dass solch ein Trugbild von den meisten Frauen früher oder später durchschaut wurde und dann haltlos in sich selbst zusammen brach.

Die Frauen hatten das Friedenswissen durch und durch in sich integriert. Sie waren dadurch immer wieder in der Lage, dieses Friedensfeld zu erneuern. Wie sehr sie auch unter dem sich stetig ausbreitenden Feld der Gewalt litten, gelang es ihnen doch immer wieder, Lösungswege zu finden, um Streit durch klare Aussprache zu schlichten, Irrtümer zu bereinigen, sowie heilend und Frieden stiftend einzuwirken. Manch ein kriegerischer Feldzug wurde in diesen Zeiten durch den Einfluss der weisen Frauen vereitelt. Die kriegerischen menschlichen Marionetten funktionierten daher nicht so einwandfrei, wie die Götter sich das wünschten.

Er, Jahwe, hatte es sich zum Ziel gesetzt, aus dem von ihm auserwählten Volk makellos nach seinem Willen funktionierende Marionetten zu machen. Er verlangte, dass jeder einzelne in diesem Volk alles tat, was ihm befohlen wurde, und sei es die Ermordung des eigenen Sohnes, die Ermordung des eigenen Vaters, die Ermordung des innigsten Freundes oder des eigenen Nachbarn. Er befahl und sein Befehl war Gesetz. Wer sich seinem Gesetz nicht beugte, wurde ausgestoßen oder vernichtet. Jahwe brauchte für seinen maßlosen Ehrgeiz solch fehlerfrei funktionierende menschliche Untertanen. Denn nur so konnte er mit dem von ihm auserwählten Volk ein weltweites Netzwerk aufbauen, das früher oder später alle Schaltstellen der Weltmacht unter seine Kontrolle bringen konnte.

Wenn sein Volk aber einwandfrei funktionieren sollte, dann durfte es nichts Unkontrollierbares in diesem Volke geben. Und die Liebe, gepaart mit einer frei gelebten Sexualität, war erwiesener Maßen solche eine unkontrollierbare Naturgewalt. Solange das Wissen der Liebe in den Händen der Frau lag und nicht reglementiert wurde, solange wäre dieses von ihm auserwählte Volk für ihn unbrauchbar.

Gezielt und geschickt ging er vor. Er verwirrte den Geist des Menschen, indem er das zentrale, allgemein gültige und allumfassend wirksame kosmische Prinzip verkehrte. Jenes Prinzip nämlich, nach dem die männliche Kraft stets aus dem nährenden Prinzip der weiblichen Kraft hervorgeht. Das männliche Licht leuchtet dann hell und strahlend, wenn es vom weiblichen Urgrund genährt und mit Liebe getragen wird. Dann kann das Männliche mit seiner lichtvollen Stärke dem Weiblichen begegnen, sich mit der sich hingebenden Frau vereinigen und ihr sein fruchtbringendes Licht schenken. Die Umkehrung dieses kosmischen Prinzips im Geist seines Volkes war die erste gezielte Irritation.

Die zweite Irritation setzte er dadurch, dass er eine Schöpfungsgeschichte erzählte. Jahwe vertiefte im Glauben seiner Untertanen die Lüge der Schöpfung und erklärte sich selbst allmählich zum alleinigen Schöpfer der gesamten Menschheit.

Die Irritation, die durch diese Schöpfungslüge entstand, reichte sehr tief in den Geist der Menschen hinab. Denn diese Schöpfungslüge implizierte mit subtiler Gewalt die Angst vor dem Tod, die Angst vor dem gänzlichen Erlöschen und die Angst vor dem endgültigen Verlust der eigenen Existenz. Diese Angst breitete sich subtil und hochgradig infizierend mit rasanter Geschwindigkeit in den Denkmustern der Menschen aus.

Durch das stets drohend mächtige Gebärden dieses Gottes war das Volk längst davon überzeugt, dass er deren Schöpfer war. Wenn es aber nun eine Schöpfung und somit einen Anfang gab, so musste es auch ein Ende geben. Wenn das Bewusstsein entstanden war, so bestand auch die Gefahr, dass es wieder erlöschen konnte.

Dass allerdings ein Bewusstsein niemals aus dem Nichts entstehen kann, dass ein Bewusstsein niemals erschaffen werden konnte (und das schon gar nicht von einem derart egokranken Gott, wie Jahwe es war), müsste jedem vernünftig denkenden und fühlenden Menschen selbstverständlich klar sein. Bewusstsein existiert seit jeher, zeitfrei innerhalb der Zeit und raumfrei innerhalb des Raumes. Es ist unmöglich, dass ein Bewusstsein aus einer fiktiven Nicht-Existenz in eine plötzlich erschaffene Existenz hinüber wechselt. Wie sollte das funktionieren?

Aber dennoch schaffte es Jahwe, durch seinen Schöpfungsmythos und der damit implizierten Todesangst eine hypnotische Sperre in den Geist seines Volkes und allmählich in den Geist der Menschheit zu implantieren.

Jahwe erfand den Mythos von Adam und Eva. Irrwitzig wie er war, behauptete er, dass er zuerst Adam, den Mann, „nach seinem Ebenbild" erschaffen hätte. Nachdem es Adam langweilig geworden war, hätte er aus einer Rippe des Mannes die Frau, Eva gemacht. Die Frau sei also aus dem Mann hervorgegangen, was nach der Funktionsweise des Kosmos gänzlich unmöglich ist.

Da Jahwe diese Geschichte seinem Volk aber immer wieder erzählte, es ihnen immer wieder über die täuschenden Illusionsbilder in ihre Träume einfließen ließ, gelang es ihm allmählich, das natürliche Verständnis vom Kosmos zu überblenden. Die Menschen begannen etwas zu glauben, ohne es tatsächlich zu spüren. Es entstand durch die immer wieder wiederholte strahlende Täuschung der Glaube an eine Lüge. Und dann begannen die Menschen, plötzlich diesen Glauben in sich zu spüren. Sie spürten, was sie glaubten. Sie spürten, was ihnen mit viel Aufwand implantiert worden war. Und sie spürten nicht mehr das, was der tatsächlichen kosmischen Wahrheit entsprach.

Wenn das klare Wissen durch einen verlogenen Glauben ersetzt wird, entsteht im Feld des Menschen eine Unwahrhaftigkeit, die allmählich zu einer Blindheit führt. So verfiel der Mensch durch den Glauben an Gott und durch seinen Glauben an das, was Gott Jahwe ihm erzählt hatte, in eine blinde, hypnotische Bewusstlosigkeit.

Die Geschichte von Adam und Eva hatte weitere Aspekte, die Gott gezielt für sein Vorhaben einzusetzen wusste.

Sie, die Frau, wurde zum Menschen zweiter Wahl, während er, der Mann, eindeutig zum ersten, zum besseren Menschen erklärt worden war. Außerdem ließ sich aus der Rippengeschichte allmählich ein anderer Faden spinnen, welcher die Liebe empfindlich einschränken und begrenzen konnte. Gott hatte also die Frau aus einem Körperteil des Mannes erschaffen hatte, wobei es keine Rolle spielte, ob dies die Rippe oder die Seite des Mannes gewesen war. Wenn es sich so verhielt, dann konnte daraus geschlossen werden, dass jeder Mann nur eine einzige Frau und jede Frau nur einen einzigen Mann lieben sollte (und später per Gesetz und unter Androhung der Todesstrafe) lieben durfte. Es gab demnach für jeden Mann (genauso wie für Adam) nur eine einzige richtige Partnerin, nämlich jene, die Gott selbst aus seiner eigenen Rippe erschaffen hätte. Die im Menschen völlig natürlich angelegte Sehnsucht, sich mit mehreren Partner auch auf der sexuellen Ebene zu lieben, konnte mit diesem allmählich mächtiger werdenden Glaubensmuster beschnitten werden. Das war der erste Schlag gegen die freie Liebe und weitere folgten bald.

Auch hier gelang es Jahwe, den Traum der Gaia nach seinem eigenen Willen und nach dem, was seinen Zielen dienlich war, zu verfremden und zu verdrehen. Die Urmutter Gaia hatte von einer neuen Liebesform, von einer innigen neuen Vertrautheit von Mann und Frau, von persönlicher Liebe und von Partnerschaften geträumt. Sie hatte in ihrem neuen Traum ein Bild erschaffen, in dem Mann und Frau als Paare zusammen lebten. Sie hatte dabei aber keineswegs im Sinn gehabt, damit eine Ausschließlichkeit, auch nicht auf der sexuellen Ebene, anzuregen. Denn sie wusste nur zu genau, dass unfreie Sexualität, die nur auf einen einzigen Partner beschränkt sein durfte, erlischt, sich ungelebt aufstaut und jede partnerschaftliche Liebe früher oder später tötet. Die archetypische Kraft der Lilith würde dagegen rebellieren.

Genau das aber entsprach Jahwes Plänen: Er implantierte dem Menschen den Glauben an eine einzige, allein selig machende Liebe. Er reglementierte diese Liebe per Gesetz und beschränkte sie auf einen einzigen Partner. Dadurch, das wusste er, konnte er die Liebe nicht nur durch Regeln und Gesetze unter Kontrolle bringen. Die unkontrollierbare Kraft der Liebe würde außerdem zwischen den Partnern früher oder später mit Gewissheit erlöschen. Das weite Feld der Eifersucht, des Neides, des Hasses würde neue Kriegsfelder erzeugen, die er gezielt zu nutzen gedachte.

Doch um das tief genug in den Geist des Menschen einprägen zu können, erfand und erschuf Jahwe eine weitere emotionale Kraft, die Last der Schuld. Menschen, die im Einklang mit der Heilen Matrix leben, ist der Begriff „Schuld“ völlig fremd. Denn Schuld ist nichts weiter als eine kranke Projektion, die es weder im Wesen, noch in der Sprache der Gaia jemals gab und niemals geben wird. Diese Schuld wurde zu einer tragenden Kraft für die Matrix der Gewalt. Sie einzuführen gelang Jahwe dadurch, dass er die Geschichte von Adam und Eva weiter vorantrieb.

Die Art und Weise, mit der Jahwe den weiteren Verlauf der von ihm initiierten Schöpfungsgeschichte gestaltete, eröffnete den

Krieg gegen die Weiblichkeit. Lilith war jene archetypische Kraft im Wesen der Menschen, der er nun den Krieg erklärte. Lilith ist das Sinnbild für die schöne, die verführerische Frau, welche die Geheimnisse der Liebe und der Sexualität kennt und welche in der Lage ist, die Männer darin einzuweihen. Das Wissen um die Kunst der Liebe und das Friedenswissen liegen so eng beisammen, dass sie voneinander nicht getrennt werden können.

Lilith erschien immer wieder im Geist und im Traumfeld der Menschen. Sie war das archetypische Bild für die sexuelle Erfüllung in der Kunst der Liebe. Sie trug in sich das Friedenswissen, das aus dem fruchtbaren Boden der erfüllten Liebe erwuchs. Lilith war der Name für jene Kraft in der Frau, die sich niemals unterdrücken lässt und die weder eine Beschränkung, noch irgendeine Gesetzgebung in der Liebe jemals ertragen würde.

In Jahwes Schöpfungsgeschichte lebten Adam und Eva im Paradies. Dieses Paradies schien perfekt zu sein, doch fehlte es dort an jeglicher Spannung, an jeglicher erotischer Anziehung und dadurch an jeglicher Lebendigkeit. Daher wurde diese Geschichte, die den Geist des Menschen derart beschäftigte, weiter gesponnen und weiter geträumt. Und dann erblühte in diesem perfekten Paradies plötzlich der Apfelbaum!

Der Apfel ist die sinnlich erotische Venusfrucht, Sinnbild für die Erfüllung in der sexuellen Liebe und somit Sinnbild für jene Kraft, die dem Kriegsfeld am intensivsten widerspricht. Erfüllte sexuelle Liebe und Gewalt sind zwei konträre, völlig unvereinbare Kräfte. Und diese Frucht war nun mitten im Paradies aufgegangen. Das aber konnte Jahwe niemals dulden! Er wusste, dass dies ein Werk Liliths war. Diese archetypische Kraft der sinnlich schönen, erotisch freien Frau war derart im Geist der Menschen lebendig geworden, dass Jahwe sie nun mit aller Gewalt bekämpfen musste, wenn er die Herrschaft über sein Volk behalten wollte.

Der Baum war da. Adam und Eva würden früher oder später diese Frucht kosten, davon erfüllt werden und die Erfüllung einer lange verlorenen Sehnsucht erleben. Und der Schlinge der isolierten Zweisamkeit, die sich langsam um sie zu schließen begonnen hatte, wären sie mit einem Schlag entkommen! Als Jahwe diesen Baum erblühen sah, wütete er und schlug blindlings um sich, schwor Rache und konnte sich lange nicht beruhigen. Als er aber langsam wieder zur Ruhe kam, begann sein kühler und brillanter Geist fieberhaft zu arbeiten. Und dann hatte er einen fatalen Plan.

Jahwe erschien als strahlender Gott den beiden im Paradies lebenden Menschen. Und anstatt diesen blühenden Baum vor ihren Augen zu verbergen, wies er sie gezielt darauf hin. Er sprach lange und ausführlich von diesen köstlichen Früchten inmitten des Garten Edens. Er lobte deren Süße und deren Saftigkeit. Und dann verbat er Adam und Eva mit drohender Gebärde, jemals eine dieser Früchte zu kosten. Dies wäre eine massive Sünde, ein Vergehen gegen ihn, gegen den Schöpfergott und würde eine massive Bestrafung nach sich ziehen. Der Mensch verstand nicht, was Jahwe mit dem Begriff Sünde überhaupt meinte. Doch durch die ständige Verknüpfung dieses Begriffes mit dem gewaltsamen Aufbrausen des selbsternannten Schöpfergottes begann der Mensch allmählich zu begreifen. Eine Sünde war ein Vergehen gegen den Schöpfungsplan Gottes und eine persönliche Beleidigung des Schöpfers.

Jahwe erreichte damit genau das, was er erreichen wollte. Die Menschen träumten von nun an von nichts anderem mehr, als von der verbotenen Frucht. Denn sie ahnten tief in ihrem Inneren, dass der Saft dieser Frucht die Erfüllung ihrer schwelenden Sehnsüchte bedeutete.

In Evas Wesen erwachte die Erinnerung an das Liebeswissen, an die Kraft der Lilith sehr bald. Sie erinnerte sich an den Traum der Gaia. Sie erinnerte sich an die Verheißung der Urmutter, gemäß welcher der Mann erleuchten und erstrahlen werde. Sie erinnerte sich daran, dass der Mann eine neue Kraft in sich finden sollte und dass dies eine neue, ungeahnte Erfüllung in der sinnlichen Vereinigung ermöglichen würde. Was nun, wenn in ihm, Adam, dieses Erstrahlen und diese versprochene neue Kraft durch diese sinnliche Frucht erwachen könnte?

So bat Eva ihren Mann, von dieser Frucht zu essen. Adam zögerte, doch das Glühen in Evas Augen erweckte in seinen Adern ein unerwartetes, verheißungsvolles Pulsieren. Etwas unbekannt Geheimnisvolles und Reizvolles entdeckte er plötzlich in ihr. Sie strahlte eine verführerische Liebeskraft aus, die unmittelbar auf ihn überlief.

Hand in Hand gingen sie zu diesem kraftvollen Baum, der voller Früchte war. Bereits auf ihrem Gang dorthin eröffnete sich ihnen allmählich das kosmische Mysterium, vielmehr die Erinnerung an das Mysterium der sinnlichen Vereinigung und Liebe. Auch wenn Adam in sich eine leicht zitternde Unsicherheit vernahm, gab ihm Evas Gewissheit den nötigen inneren Mut, um den Raum des sich nun eröffnenden Mysteriums betreten zu können.

Als sie am Baum angelangt waren, berührten sie seinen mächtig Stamm. Sie nahmen wahr, dass sich der Raum um sie herum eigentümlich intensiviert hatte. Die Farben waren leuchtender geworden, das sie umgebende Licht erschien mit sommerlich orangefarbener Wärme. Der weiche Wind spielte mit Evas langen Haaren und betonte ihre sinnliche Schönheit. Alles, was sie sahen und berührten, erfüllte sie vollkommen. Sie waren eins mit allem, sie waren verbunden mit allem, sie spürten in sich eine völlig neue Lebendigkeit.

Im Baum erkannten sie die leuchtende Gestalt der Schlange der Weisheit. Es war der Geist der Lilith, der sich in dieser schönen Schlangengestalt zeigte. Sie, die Schlange der Weisheit stieg mit tanzender Bewegung am Stamm des Baumes empor. Die beiden Menschen spürten allmählich diese tanzenden Bewegungen in sich selbst und begaben sich ein in den Rhythmus des erotisch sinnlichen Tanzes.

Die Schlange der Weisheit führte Adams Blick zu einer vollen Frucht. Er griff nach dem Rund des Apfels, spürte in seiner Hand die Fülle dieser Frucht und nahm sie ab. Er biss in den Apfel und die Liebesfrucht berauschte ihn augenblicklich. Die Sehnsucht nach der allumfassend sexuellen Erfüllung durchfuhr augenblicklich all seine Sinne, seinen Geist, sein gesamtes Wesen. Seine sinnliche Erregung ging unmittelbar auf Eva über und auch sie sog den süßen Saft der Liebesfrucht voller Hochgenuss in sich auf. Adam berührte und erspürte den sinnlich schönen Körper Evas und seine neu gewonnene Kraft erregte sie in unbekanntem Maße. Sie öffnete sich ihm vollends, gab sich den allmählich schneller werdenden, rhythmischen Bewegungen seines kraftvollen Körpers hin, während er vollends in ihre Schönheit eintauchte und in ihren erotischen Reizen gänzlich versank.

Das Wissen um die Kunst der sexuellen Liebe war in Eva endlich wieder erwacht und sie begann Adam zu führen. Vertrauensvoll gab er sich dem Wissen seiner Frau hin, dem alten Wissen, dass einst von den Priesterinnen der Liebe weitergegeben und gelehrt worden war. Und Eva führte sie zu einer berauschend orgiastischen Erfüllung, die beide bislang noch nie erlebt und nicht einmal für möglich gehalten hatten.

Sie wussten nun, was Liebe war. Sie wussten nun, dass die in ihnen lebende Sehnsucht Erfüllung finden konnte. Eine neue Lebendigkeit, ein neuer und doch so ursprünglicher Lebenssinn hatte sie erfüllt. Und sie wollten diesen neuen Sinn nun leben, weiter erforschen, tiefer in dieses Geheimnis der Liebe eintauchen…

…doch es kam gänzlich anders.

Grausam und gewaltsam erschien Jahwe und belegte das erblühende Paradies mit einem düstergrauen Bann. Das sommerwarme Licht versank und wich einer nebeligen Kälte. Die beiden Menschen fröstelten, während Jahwe wütend das Bild einer unermesslichen Schuld zeichnete, von Betrug und von Missachtung seiner Verbote, von unglaublicher Missachtung seiner Schöpfermacht sprach. Der wunderbare Liebeszauber wurde von der plötzlich hochkriechenden Kälte schlagartig verdrängt.

Schuld sei es, die der Mensch sich nun aufgeladen hätte, unermessliche Schuld.

Der Mensch hätte kein Recht auf eine derartige Liebeserfüllung. Dieses sexuelle Treiben sei im höchsten Maße schamlos, unsittlich, ja ekelerregend. Eine sexuelle Erfüllung in solch unstatthaftem Ausmaß gebühre dem Menschen niemals.

Diese Schuld, die der Mensch von nun an durch dieses schändliche Treiben tragen musste, sei untilgbar für alle Zeiten. Diese Schuld würde von einer Generation auf die nachfolgende übergehen, bis zum Ende aller Zeiten.

Jahwe verfluchte den Menschen, verurteilte die gesamte Spezies Mensch und vertrieb den Menschen aus dem Paradies. Die Vertreibung aus dem Paradies, so sprach er, würde die Ursache für jedes, wirklich jedes Leid sein, das der Mensch jemals erleben werde. Jeder Geburtsschmerz, jede Mühsal, jedes Unglück und jede Not sei auf die Sünde, die der Mensch durch die Missachtung dieses Gebotes begangen hatte, zurückzuführen. Die Erfüllung in der Liebe wurde damit ab sofort als die schlimmste aller Todsünden angesehen, Liebe und Schuld waren von nun an dasselbe.

Und mehr noch, Jahwe erklärte dem Menschen, wer als Hauptverursacher dieser unermesslichen Schuld zu sehen wäre: Lilith. Denn dieses durchtriebene Wesen war dem Menschen in Form der Schlange erschienen. Dieses schändliche Wesen hatte Adam dazu verführt, den Apfel vom Baum zu nehmen. Sie, Lilith, hatte den Menschen zu diesem ungeheuren Vergehen angestiftet. Lilith war daher die eigentliche Urheberin für alles Leid, das der Menschheit in Hinkunft widerfahren würde.

Damit hatte Jahwe ein grauenhaftes Schuldbild gezeichnet. Nicht nur, dass das Schuldthema generell von jedem einzelnen Menschen getragen werden musste, es wurden gleichzeitig auch Schuld und erfüllte sexuelle Liebe untrennbar miteinander verknüpft. Die Erfüllung in der Liebe und die frei gelebte Sexualität wurden zur schlimmsten aller Todsünden erklärt.

Gaia verstand nicht, weshalb diese Menschen solch eine absurde Geschichte zu glauben begannen! Allein schon der Gedanke, das Essen eines Apfels als unverzeihliches Verbrechen darzustellen, ist absurd. Und dann noch die Gleichsetzung der erfüllten Liebe mit Schuld konnte Gaia nicht begreifen.

Doch die Täuschungsgabe Jahwes war überwältigend. Die vielfache, tausendfache Wiederholung dieser absurden Geschichte reichte bereits aus, um sie tatsächlich ins Glaubensfeld des Menschen zu implantieren.

Jahwes Plan war nicht nur aufgegangen, sondern eröffnete ihm auch ein neues, weites Kriegsfeld, das über Jahrtausende hinweg aufrechterhalten werden konnte: Die Unterdrückung der Frau und der Krieg gegen das in der Frau so stark entfaltete Wissen um die Liebe und um den Frieden. Dieses Urwissen der Frau, das als Lilith immer wieder in Erscheinung trat, konnte aufgrund ihrer maßlosen Schuld gnadenlos bekämpft werden.

Gaias Tränen waren bitterlich, als sie sah, was nun über ihre so sehr geliebten Töchter hereinbrechen werde.

Moses

Jahwe hatte sich ein ländliches Nomadenvolk, das hauptsächlich von der Schaf- und Ziegenzucht lebte, als sein Volk auserwählt. Dieses Volk bestand aus sehr einfachen Menschen, die sich von den Glanzspielen Jahwes leicht hatten beeindrucken lassen. Er verlangte von diesen Menschen, dass sie sich bedingungslos seiner bösartigen und sarkastischen Willkür unterwarfen. Selbst wenn er von einem Vater die Ermordung des eigenen Sohnes verlangte, musste ihm gehorcht werden. Er wollte ein Volk von perfekt funktionierenden Marionetten formen, denn er hatte mit diesem Volk etwas Großes vor. Er wollte, getrieben durch seinen maßlosen Ehrgeiz, mit diesem Volk die Weltherrschaft erringen. Er wollte zum höchsten und einzigen der Götter werden.

Er wählte sich Propheten in seinem Volk, die zu seinem Sprachrohr wurden. Diesen erschien er in Visionen, diese sprach er direkt an und diesen zeigte er sich in sichtbarer Form. Das kostete ihm zwar Unmengen an Energie, doch beeindruckte es diese Menschen derart, dass es sich für ihn letztlich lohnte.

Auch den von ihm auserwählten Propheten verriet er seinen Namen niemals, auch wenn diese vehement danach verlangten. So nannte er sich ihnen gegenüber der „Ich bin der ich bin“, was die Propheten ihrem Volk getreulich weitergaben. Aus dem wurde der Name „Er ist“, was auf Hebräisch „Jahwe“ heißt.

Das vorrangige nächste Ziel Jahwes bestand darin, das Land am Jordan in Besitz zu nehmen. Er wusste, wie andere Götter ebenfalls, dass diese geologisch hoch aufgeladene Zone ein wesentlicher Schlüssel zur Weltherrschaft war. Das Volk aber, das er unter seine Kontrolle gebracht und das er gegen die Stämme anderer Götter in den Krieg geführt hatte, war bislang nicht in der Lage gewesen, in Palästina, dem Land am Jordan, Fuß zu fassen.

Die Hebräer, das Volk Jahwes, hatte sich schließlich im bereits reich aufgeblühten ägyptischen Imperium niedergelassen. Dort setzte Jahwe alles daran, dass sein Volk nicht die ägyptischen Bräuche und die Anbetung der ägyptischen Götter übernehme, denn dadurch wäre es in den Besitz anderer Götter übergegangen und er hätte sein Gefolge wahrscheinlich für immer verloren. Da er bereits sehr viel Energie in die Formung dieser Menschen gesetzt hatte, erschien er ihnen konsequent in ihren Träumen und blieb für sie spürbar. Er befahl ihnen die Aufrechterhaltung ihrer eigenen Bräuche und Riten. Und er befahl ihnen die strikte Abgrenzung gegenüber den Ägyptern.

Dass Jahwe seinem Volk regelmäßig erschien, war für die Hebräer ein Zeichen dafür, dass Gott sie nicht verlassen hatte, dass Gott treu an ihrer Seite stünde und stets über sie wache. Das, was Jahwe an sie und auf sie übertrug, bewirkte, dass sie sich allmählich als etwas Besonderes fühlten, als *das* auserwählte Volk. Sie fühlten sich als etwas Besseres, als besonders Begnadete. Aus den Hebräern wurde so ein Volk mit einem ausgeprägten, immer stärker werdenden Ego und einer penetranten Selbstüberschätzung. Ihre strikte Abgrenzung und ihre Überheblichkeit gegenüber der ägyptischen Bevölkerung beschworen immer stärker werdenden Unmut herauf. Die Hebräer, die von den Ägyptern wohlwollend als Gäste aufgenommen worden waren, erhoben sich über ihre Gastgeber, geblendet durch den ihnen von Jahwe implantierten Hochmut. Das führte schließlich dazu, dass den Hebräern nur mehr mindere Arbeiten für geringen Lohn angeboten wurden, wodurch sie, die doch etwas Besseres verdient hätten, sich gedemütigt fühlten. Ein immer massiver werdender Konflikt wuchs heran, Aggression schwelte im Untergrund und suchte nach einem Ventil, um sich zu entladen.

In Ägypten brach ein Krieg unter den Göttern aus. Aton erhob sich, vertreten durch den Pharao Amenophis IV., der sich Echnaton nannte, gegen den Gott Amun und dessen Gefolge. Amun hatte nicht nur unter den Menschen ein starkes und mächtiges Gefolge in Form einer korrupten Priesterschaft, sondern auch unter den Göttern. Er war der anerkannte Führer unter einer beachtlichen ägyptischen Götterschar.

Aton jedoch war ein Einzelkämpfer, einer, der die Energie der Anbetung durch die gläubigen Menschen nicht gerne teilte. Er wollte sich selbst zum alleinigen Gott machen und ließ dadurch erstmalig den Monotheismus, den Eingottglauben propagieren. Aton behauptete von sich, als Sonnengott der Sternenmeister Ahau persönlich zu sein, was natürlich eine maßlose Hochstapelei war, über die Ahau innerlich lachen musste.

Der Pharao Echnaton aber ließ sich von dieser Idee durchaus begeistern. Er meinte tatsächlich, über Aton mit dem reinen Licht des Sternenmeisters in Verbindung zu stehen und folgte dessen Ruf. In Achetaton, dem heutigen Amarna, gründete er seine neue Hauptstadt, die neue Hauptstadt des ägyptischen Imperiums. Achetaton, der „Horizont der Sonne“, war vermeintlich dem Sternenmeister Ahau zugewandt, stand aber in Wahrheit unter der ehrgeizigen Kontrolle des Aton.

Von Achetaton aus nahm der Pharao den Krieg gegen die mächtige Priesterschaft des Amun auf. Die Amun-Priester wurden gewaltsam entmachtet. Amun und sein göttliches Gefolge verloren dadurch im gesamten Land am Nil deutlich an Anbetungsenergien und deshalb bedenklich an Kraft. Doch ihr Gegenschlag ließ nicht lange auf sich warten. Ein gewaltiger Krieg unter den Göttern entbrannte.

Aton hatte schließlich die Macht des Amun doch deutlich unterschätzt und unterlag diesem auf allen Ebenen. Sein Traum von seiner alleinigen Herrschaft über das mächtige Nilimperium, sein Traum, diese Herrschaft weit darüber hinaus auszudehnen, zerbrach gnadenlos. Auf der Ebene der Menschen zerstörten die Amun-Priester, sobald sie wieder an die Macht gekommen waren, alles, was nur irgendwie an Echnaton erinnerte. Die einstige Traumstadt Achetaton wurde dem Erdboden gleich gemacht.

Jahwe beobachtete diesen erbarmungslosen Krieg und den damit verbundenen Kraftverlust der Götter mit Genugtuung. Wenn die Götter am Nil ihre mächtige Kraft verloren, würden sie für ihn keine Gefahr mehr sein. Bislang war er, Jahwe, unter den Göttern bloß als unbedeutender Mitläufer angesehen worden. Die Götter betrachteten ihn als harmlosen Konkurrenten, als Einzelgänger, dem es einfach nicht gelungen war, ein mächtiges Volk, geschweige denn ein Imperium zu kontrollieren.

Ein geschlossenes Imperium aber, ein offensichtlicher territorialer Herrschaftsbereich lag keineswegs im Ansinnen dieses ehrgeizigen Gottes. Er wollte nicht bloß eine bestimmte Region beherrschen, wie groß diese auch immer sein mochte, er wollte mehr. Nur zu gut wusste er bereits, dass Imperien nur über gewisse Zeiten hinweg gehalten werden konnten. Je größer sie wurden, umso größer wurde die Schar ihrer Feinde. Und früher oder später würde jedes Imperium und damit auch die herrschenden Götter fallen.

Jahwe aber strebte nach der Herrschaft über die gesamte Welt. Ein kleines Volk als primärer Träger und als geeignete menschliche Marionetten, über die er entsprechende Impulse setzen konnte, würde ihm dafür ausreichen.

Jahwe befahl seinem Volk die regelmäßige Anbetung, so wie jeder Gott es von seinem Volk abverlangte. Doch das alleine war im nicht genug. Er wollte die Anbetung durch die gesamte Menschheit, er wollte die Gesamtenergie der Spezies Mensch. Und dazu musste er die gesamte Menschheit infiltrieren, auf allen Ebenen und mit vielen, oft konträren Gesichtern, undurchschaubar, im Geheimen, nur ihm alleine bekannt, so wie auch sein Name einzig ihm allein bekannt war.

Nun, da nach diesem Krieg zwischen Aton und Amun die Macht der Götter am Nil darniederlag, beschloss Jahwe, erstmals seine eigene Kraft zu demonstrieren. Er erwählte sich dazu in seinem Volk einen Mann, den er zum Anführer seines Volkes machen wollte und mit dem er viel vorhatte: Moses.

Dieser Moses war ein Findelkind, das von seiner Mutter ausgesetzt und von der Tochter des Pharao gefunden worden war. Die Tochter des Pharao tat dies keineswegs aus Liebe zu diesem Kind, sondern aus Trotz ihrem Vater gegenüber. Er, der Pharao, hatte seiner Tochter kaum Liebe und Zuneigung geschenkt. Und nun wollte sie durch die absonderliche Aufnahme dieses Findelkindes ihren Vater sowohl reizen, als auch seine Aufmerksamkeit auf sich ziehen.

Moses wurde von seiner Ziehmutter zwar materiell versorgt, keineswegs aber mit der nötigen Mutterliebe. Er, das ungeliebte Kind, wurde im Hause des Pharaos entsprechend abschätzig behandelt. Er trieb sich oft tage- und wochenlang alleine in den

Nilsümpfen herum und entfloh so den alltäglichen Demütigungen. So kannte er dieses Gebiet allmählich wie kein anderer, was ihm bald ausgesprochen nützlich werden sollte.

Moses war ein Stotterer mit einem mangelnden Selbstbewusstsein. Er war ein Mensch mit einer schwachen Persönlichkeit und somit eine ideale Marionette für Jahwe.

Oft hielt er sich bei den Hebräern auf, denn die schwelende Wut auf den gefühlslosen Pharao, der Zorn durch die immer wieder erlittenen Demütigungen und das darunter leidende Selbstwertgefühl verband ihn mit diesen gesellschaftlich Geächteten. Es tat ihm so wohl, unter ihnen zu sein, an ihren Feuern zu sitzen und sich in Schmähungen gegenüber dem Pharao zu ergehen. Den Hebräern hingegen schien es ein Geschenk Gottes zu sein, einen Verbündeten im Hause des Pharaos gefunden zu haben.

Nachdem Moses einen ägyptischen Aufseher erschlagen hatte, nutzten ihm seine Ortskenntnisse erstmals und er floh über die Nilsümpfe nach Sinai. Dort erschien ihm erstmals Jahwe, der Gott der Hebräer, in strahlender Gestalt und sprach ihn direkt an. Das erschütterte Moses Persönlichkeit gewaltig und machte ihn hörig. Denn er, dieser mächtige Gott, der Gott der Hebräer, hatte ausgerechnet ihn, Moses, auserkoren, um für ihn tätig zu werden. Das gedemütigte Selbstbildnis des Moses wandelte sich augenblicklich in ein überheblich werdendes Ego. Unsicher war Moses, als er den Auftrag des Jahwes vernahm, dessen auserwähltes Volk aus Ägypten herauszuführen. Unsicher war Moses, da er es sich nicht zutraute, unter den Hebräern als Führer anerkannt zu werden. Jahwe aber versprach ihm, dass er ihn mit besonderen Gaben ausstatten würde, mit Zaubermagie, welche jeden Zweifler zutiefst beeindrucken würde.

Diese magischen Vorführungen des Moses taten ihre Wirkung. Die gedemütigte Volksseele jubelte auf, als sie sahen, dass ihnen von Jahwe selbst ein neuer Prophet gesendet worden war. Ein Prophet, der sie aus ihrer misslichen Lage befreien konnte.

Als Moses schließlich auf Geheiß Jahwes vor den Pharao trat und diesen aufforderte, das gesamte Volk der Hebräer aus Ägypten ziehen zu lassen, verstand dieser die Welt nicht mehr. Jener stotternde Nichtsnutz, den seine Tochter irgendwo gefunden und dummerweise aufgezogen hatte, wagte es nun, von ihm, dem Pharao, dem Vertreter der göttlichen Macht, etwas zu fordern! Das war eine ungeheuere Provokation.

Jahwe, der dieses Gespräch mit höchster Aufmerksamkeit mitverfolgte, lenkte die Worte des Moses gezielt. Jahwe wollte mit Absicht den Pharao reizen und provozieren. Mit aller Überheblichkeit erklärte Moses dem Pharao, dass dessen Macht nichts sei im Vergleich zu jener, die er, Moses, nun innehatte.

Der Pharao war perplex. Dieser dümmliche Bastard behauptete doch tatsächlich, dass er es mit ihm, den mächtigsten Mann der Welt, aufnehmen konnte!

Er drohte dem Moses.

Und Moses drohte dem Pharao.

Moses drohte, dass er das Wasser des Nils mit der Gewalt Jahwes, seines Gottes, vergiften würde, sollte der Pharao nicht einlenken. Der Pharao bog sich vor Lachen und war nun gänzlich davon überzeugt, dass dieser Bastard den Verstand verloren hatte. Er ließ ihn von seiner Leibgarde verprügeln und vom Hof verjagen.

Moses aber hielt sein Wort. Wutentbrannt begab er sich an die Ufern des Nils und rief dort den Gott der Hebräer an. Und Jahwe ließ seine gesamte bösartige Gewalt auf die Lebensader

Ägyptens niedergehen. Jahwe veranlasste Moses, mehrfach mit seinem Stab auf das Wasser des Nils zu schlagen. Jahwe bündelte seine Kräfte und infizierte mit einer gewaltig dissonanten Frequenz, mit einer unheilvoll krankmachenden Information mit konzentrierter Gewalt den Nil. Dieser Schock breitete sich augenblicklich auf den gesamten Flusslauf dieses Leben schenkenden Gewässers aus, flussaufwärts genauso wie flussabwärts. Und alles, was im Nil und am Nil lebte, wurde von diesem perversen Schock erfasst und infiziert. Tausende und abertausende Fische starben in nur wenigen Stunden. Ihre aufplatzenden Körper färbten das Nilwasser blutrot und ihre stinkenden Kadaver vergifteten den gesamten Flusslauf.

Die Menschen waren innerhalb weniger Stunden ihrer einzigen Lebensader beraubt worden. Alles Wasser, das sie tranken, alles Wasser, mit dem sie ihre Tiere tränkten, war Wasser des Nils. Und jene, die davon tranken, vergifteten sich selbst. Tausende Menschen starben und krepierten jämmerlich unter den Schmerzen ihrer Vergiftungen. Es würde Monate dauern, bis dieses lebendig schöne Gewässer sich von diesem Schock wieder erholen konnte.

Moses nutzte die Verwirrung, die durch diese lebensbedrohliche Gefahr sich unter den Ägyptern und im Hause des Pharaos ausgebreitet hatte. Er versammelte die Hebräer und zog mit diesen nordwärts, nicht ohne mit Absicht Spuren zu hinterlassen. In Unterägypten, in den Nilsümpfen nahe dem roten Meer, verbargen sie sich. Moses hatte von langer Hand alles vorbereitet. Sie hatten sich ausreichend Trink- und Essensvorräte angeschafft und die Männer waren bestens bewaffnet. Moses kannte das Gebiet am Nil ausgezeichnet und er wusste, wo das Volk in Sicherheit lagern konnte.

Und er erwartete die siegessicheren Soldaten des Pharaos. Er wusste, dass trotz dieser Bedrohung des Reiches und trotz der Verletzung der ägyptischen Lebensader (oder gerade deswegen) der Pharao alles daran setzen würde, die Hebräer zu vernichten. Er wusste, wie der Pharao dachte, wie er agierte und welche Strategie er anwenden würde. Lange genug hatte Moses am Hof des Pharaos gelebt. Er wusste genauestens Bescheid, wie das Heer des Pharaos bewaffnet war, wo dessen Stärken lagen und wo er vor allem auch deren Schwächen finden konnte.

Der Pharao konnte es nicht zulassen, dass ein Haufen niedriger Arbeiter seine göttliche Autorität derart verachtete. Und das Heer des Pharaos tat genau das, was Moses vorhergesehen hatte. Es folgte der breiten, kaum zu übersehenden und bewusst nicht verborgenen Spur der vermeintlich fliehenden Hebräer. Und es rechnete mit einem Haufen unbewaffneter Männer, sowie wehrloser Kinder und Frauen. Dass diese aber gezielt einen unentrinnbaren Hinterhalt gelegt hatten, ahnten die pharaonischen Truppen nicht im Geringsten.

Die schweren Streitwägen des Pharaos waren für die Nilsümpfe gänzlich ungeeignet. Sie waren zu unbeweglich und blieben immer wieder im Morast stecken. Auch die Pferde sanken immer wieder tief in den Morast ein. Die Befehlshaber des pharaonischen Heeres kannten die begehbaren Wege in diesem Sumpfgebiet keineswegs derart genau, wie Moses es tat. Und die falschen Fährten, welche die Hebräer angelegt hatten, führten diese in die Irre.

Die Hebräer folgten dem sich verirrenden ägyptischen Heer beobachtend und unsichtbar. Und sie beobachteten mit Genugtuung, wie sich die Kräfte der ägyptischen Soldaten allmählich erschöpften. Und dann schnappte die Falle der Hebräer endgültig zu. Im Glauben, das Lager der Flüchtenden endgültig gefunden zu haben, griffen die ägyptischen Soldaten ungezielt an. Sie versanken in der unerwarteten Tiefe des Morasts und boten ein leichtes Ziel für die hebräischen Bogenschützen. Völlig überrascht von der militärischen Gegenwehr und von diesem sowohl klug geführten, als auch mächtigen Schlag wurden sie vernichtend geschlagen. Nur wenige von ihnen entkamen dem sich entladenden Zorn der Hebräer und deren tödlicher Pfeile.

Die wenigen überlebenden Soldaten, die geschlagen an den Hof Pharaos zurückkehrten, berichteten, dass der Anführer Moses über magische Kräfte verfügen musste. Denn während dieser mit seinem Volk unbeschadet die Wasser überqueren konnte, waren sie, die Soldaten des Pharaos, darin versunken und ertrunken. Der Pharao, der andere Sorgen hatte, verzichtete auf eine weitere Verfolgung und ließ die Hebräer ziehen.

Mit dieser Machtdemonstration hatte Jahwe nicht nur das Heer des Pharaos besiegt und durch die Vergiftung des Nils Tausende Menschen ermordet, sondern auch die Götter am Nil, Amun und dessen Gefolge, entsprechend schockiert. Dass Jahwe, der Underdog, der bislang als unbedeutender Mitläufer unter den Göttern gegolten hatte, über derartige Kräfte verfügte, ließ die Götterwelt aufhorchen.

Amun, der unter dem hohen Blutzoll seines Volkes litt, gestand sich diese Niederlage ein. Er war außerdem gehörig verunsichert, was seine Einschätzung des Jahwes betraf. Er wusste nicht mehr, wie er dessen Schwäche oder dessen Kraft bewerten sollte. Und so beschloss Amun, sich von nun an tunlichst von diesem Jahwe fernzuhalten.

Genau das aber war es, was Jahwe damit bezwecken wollte. Er hatte nun den Rücken frei, um sich wieder dem heiß begehrten Gebiet am Jordan zuzuwenden. Er versprach seinem Volk dort das Paradies, das verheißene Land. Doch zuvor musste der bedingungslose Gehorsam dieses Volkes ihm gegenüber noch gehörig geschult werden.

Das Blutopfer

Jahwe führte Moses und dieser führte das hebräische Volk. Die Anfangseuphorie über das verheißene Land war bald verflogen. Zu kraftraubend und mühevoll war die Wanderung durch das unbarmherzig trockene Land. Und sie wanderten im Kreis, denn ein Land, das auf die Ankunft dieses Volkes gewartete hätte, gab es nicht.

Jahwe dachte noch gar nicht daran, dieses Volk an ein Ziel zu führen und sesshaft zu machen. Er hatte vor, dieses Volk zu schleifen und es ihm gegenüber vollkommen willenlos gehorsam zu machen. Sie sollten jeden, ausnahmslos jeden Befehl von ihm wie fraglos gehorsame Soldaten ausführen. Sie sollten zu einer Elite werden, mit denen Jahwe seine ehrgeizigen Ziele erreichen wollte.

Moses führte sein Volk durch die Wüste und sprach, wenn mürrische Stimmen laut wurden, von „Prüfungen", die ihr Gott ihnen auferlegt hätte.

Und dann rief Jahwe seinen gehorsamen Vasallen, Moses, zu sich.

Lange hatte Jahwe an dem gearbeitet, was er nun dem Moses überreichen und seinem Volk implantieren wollte: das Gesetz! Das Gesetz sollte zu einer Macht werden, die im Volk selbst (und später weltweit in der gesamten Menschheit) herrschte. Durch das Gesetz sollte eine lückenlosere Lenkung des Menschen möglich gemacht werden. Das Gesetz sollte mit Angst durchwoben sein und von jedem gefürchtet werden. Die so dem Gesetz zufließende Energie der Angst sollte dem Erfinder des Gesetzes, ihm, Jahwe, genauso zufließen, wie eine Anbetung.

Durch das Gesetz sollte schließlich das Feld der Angst und der Gewalt reglementiert werden und für alle Zeiten feldbestimmend wirken. Die Idee des Gesetzes wurde von vielen Göttern verfolgt. Doch so präzise wie Jahwe hatte dieses Instrumentarium der Gewalt noch niemand durchdacht. Noch keiner der Götter hatte erkannt, wie wirksam und subtil dieses Instrumentarium eingesetzt werden konnte.

Das Gesetz bestand aus einer Ansammlung von Glaubenssätzen und Bestimmungen. Durch die mit dem Gesetz geregelte Schuldzuweisung, Verurteilung, Bestrafung, Knechtung, Unterdrückung und Ermordung von Menschen würden jene Glaubenssätze, die das Gesetz waren, wie mächtige Implantate schließlich ins Bewusstsein der Menschen und in deren Seele unbarmherzig eingebrannt werden. Eine durchgehend implantierte Menschheit wäre eine Menschheit, die aus vollkommenen Sklaven der Götter bestehen würde. Aus Sklaven, die sich selbst vergessen hatten, dass sie zu Sklaven geworden waren.

Die Implantate des Gesetzes wären derart perfekt wirksam, dass der Mensch all das, was diese Implantate ihn zu tun und zu unterlassen hießen, er als seinen eigenen Willen werten und vertreten würde. Der Mensch würde beginnen, die Programme der Implantate für seinen eigenen Willen zu halten.

Der Mensch sollte vollkommen kontrolliert und willens gemacht werden, ohne dies im Geringsten bewusst zu erkennen. Und das wollte Jahwe nun mit dieser ersten Gesetzgebung gezielt an seinem eigenen Volk erproben.

Jahwe rief Moses zu sich und erschien ihm in gewohnt glänzender Gestalt. Er erzählte dem Moses, dass er, Gott, einen ewigen Bund mit den Menschen eingehen wollte. Und dass es für solch einen Bund nötig sei, einen Vertrag zu verfassen. Der Vertrag bestünde darin, dass die Menschen jene Gesetze, die er nun dem Moses übermitteln werde, penibel genau einhalten müssten, damit sie die Führung ihres Gottes weiterhin genießen könnten. Nur dann, wenn sie dem zustimmten, würden sie jemals die Wüste wieder verlassen und das gesegnete Land erreichen können.

Moses stimmte dem gehorsam zu und brachte das Gesetz dem Volk, das in Stein eingemeißelt wurde. Und dann wartete man, aber nichts Bewegendes geschah.

Jahwe beobachtete und überprüfte die Wirksamkeit der von ihm initiierten Gesetze, war damit aber keineswegs zufrieden. Die in Stein gemeißelten Gebote und Verbote griffen keineswegs in dem Maße, in dem er es sich erhofft hatte. Zu unklar hatte er sie formuliert, zu komplex waren seine Worte für den ungeschulten Geist der meisten.

Es hatte sich eine eintönige Lethargie im Volk breit gemacht, eine Lustlosigkeit, in der es kaum mehr Bewegung gab und in der eine wirkungsvolle Implantierung nicht möglich war. Anstatt der erwarteten und ständig geforderten Anbetungen erreichten immer mehr Hilferufe Jahwes Geist. Die Menschen flehten ihn an, dass er sie endlich in das gesegnete Land führen möge. Sie hätten doch alle Prüfungen, die er ihnen auferlegt hatte, geduldig bestanden.

Forderungen, die an ihn gerichtet wurden, waren aber das Letzte, was er brauchen konnte! Forderungen an ihn! Das lieferte ihm nicht die geringste Energie und belästigte ihn ungeheuerlich!

Jahwe überlegte, ob er nicht kurzerhand dieses Volk sich selbst überlassen sollte. Solle es doch in der Wüste führungslos zugrunde gehen. Er würde sich ein anderes Volk erwählen und seine Ziele mit einem neuen Volk verfolgen. Da nun aber bereits nahezu jedes Volk, abgesehen von noch wenig unbeugsamen, sich einem Gott oder mehreren Göttern untergeordnet hatte, gab es keine frei verfügbaren Stämme mehr. Er würde einen Stamm oder ein ganzes Volk einem anderen Gott entreißen müssen. Das aber bedeutete Kampf und Krieg, dessen Ausgang ungewiss war und der viel Energie und Kraft kosten würde.

Nachdem die Hilferufe der Hebräer aber immer flehender wurden, kam Jahwe eine Idee. Er konnte diese jämmerliche Unzufriedenheit für seine Zwecke nutzen. Er musste Emotionen schüren und ein Schuldfeld erzeugen, ein mächtiges Schuldfeld, ein tiefgehendes Trauma, dem sich niemand aus seinem Volk mehr entziehen konnte. Mit dieser Schuld beladen wäre niemand im Volk mehr in der Lage, etwas anderes sich zu wünschen, als ihm, Jahwe, bedingungslos dienen zu wollen. Er musste mit einem beißenden Schuldfeld eine Anspannung erzeugen, die das Volk aus seiner erbärmlichen Lethargie wecken konnte.

Jahwe lockte den Moses alleine in die Wüste, wo er ihn tagelang umherirren ließ. Dem zurückgebliebenen Volk, das sich alleine gelassen fühlte, bescherte er Träume, die in den Menschen eine ständig wachsende Sehnsucht nach Lebensfreude und Ausgelassenheit, nach Erfüllung und nach einem sinnlich rauschenden Fest entfachte. Und so geschah es, dass sie sich an die alten Götter erinnerten, an jene, die ihnen in ihrer alten Heimat, in Ägypten, vertraut geworden waren. Dieser Gott, der Moses leitete, hatte sein Versprechen nach dem gelobten Land nicht gehalten. Sie zweifelten an der Macht dieses Gottes, und das war genau das, was Jahwe jetzt erreichen wollte.

Die Hebräer nahmen ihr Gold und boten es rituell in einem sehr ausgelassenen und sinnlichen Fest einem Gott dar, der sich gerne in Form eines goldenen Kalbes zeigte. Dies war ein durchaus sinnlicher und lebensfroher Gott, der gerne mit dem Glanz des Goldes spielte und der ausgelassenen Freude durchaus zugetan war.

Doch noch ehe dieses Fest so richtig in Schwung gekommen war, erschien Moses nach seiner tagelangen Abwesenheit wieder im Lager. Der Zorn trieb eine glühende Röte in sein Gesicht. Und mit gewaltiger Stimme, theatralisch gesteigert durch das Zutun Jahwes, beschimpfte er drohend sein Volk. Die fröhliche Stimmung war sofort erkaltet und ein eisiger Schauer durchfuhr die Glieder der Menschen, als das Erscheinen des Moses von irritierenden Lichtspielen und dunkel aufziehenden Wolken, sowie einem mächtig aufkommenden Wüstenwind begleitet wurde.

Jahwe bezichtigte mit der aufbrausenden Stimme des Moses das Volk, dass es den soeben geschlossenen Bund mit ihm, dem einzig wahren Gott, gebrochen hätte. Es gäbe kein schlimmeres Vergehen, als die Anbetung eines anderen Gottes. Der Zorn Jahwes würde nun über das Volk kommen und im Volke wüten.

Moses teilte dann das Volk in zwei Lager auf. Er ging von Mensch zu Mensch und teilte ihn oder sie der einen oder der anderen Seite zu. Die einen standen rechts von Moses, während die anderen in einem Abstand von wenigen Metern ihnen gegenüber standen. Das Volk begriff nicht, was es mit dieser willkürlichen Teilung des Volkes auf sich hatte. Doch Moses, der ganz außer sich war und scheinbar wirres Zeug redete, beteuerte immer wieder, dass dies im Auftrag Gottes geschehe.

Auf beiden Seiten gab es sowohl Männer, als auch Frauen und Kinder. Die willkürliche Teilung im Volk hatte Familien oft auseinander gerissen. Stand der Vater mit einem Kind auf der einen Seite, konnten die Mutter, der Bruder und die anderen Kinder durchaus auf der anderen Seite stehen.

Dann befahl Moses, dass alle Männer, die auf jener Seite standen, der er sich selbst nun zugesellt hatte, sofort sämtliche Waffen im Lager an sich nehmen mussten. Das Volk war wie paralysiert und tat, was ihm aufgetragen wurde, ohne den bevorstehenden Wahnsinn zu erahnen. Die eine Seite, hinter der sich Moses auf den Hang eines ansteigenden Hügels begeben hatte, war nun bewaffnet. Die andere, gegenüberstehende Schar war waffenlos.

Und dann gab Jahwe mit der Stimme des Moses seinen grausamen Befehl, mit drohend mächtiger und kalter Stimme, während ein Sand aufwirbelnder Sturm aufzog. Er befahl, dass jene bewaffneten Männer, die an der Seite des Moses standen, all jene zu töten hätten, die ihnen gegenüber standen. Sie müssten jeden töten, jeden, sei es der eigene Freund, das eigene Kind, die geliebte Frau oder der Nachbar. Jeder, jeder müsse gnadenlos getötet werden, damit sich der Sand in der Wüste blutrot verfärbe und die Schmach, die ihm, dem Schöpfergott durch den Bruch des Bundes angetan worden war, getilgt würde. Einzig Blut könne das Vergehen tilgen, das durch die Anbetung eines anderen Gottes und durch die ausgelassene Freude und das schändlich sinnliche Treiben zu Ehren eines fremden Gottes begangen worden war. Gnadenlos müsse das Schwert gegen alle Schuldigen geführt werden, denn sonst werde er, Jahwe, sie alle verlassen und sie allesamt wären dann verloren.

Moses schrie diesen tödlichen Befehl mit grausam mächtiger Stimme hinaus und niemand auf seiner Seite getraute sich nur annähernd, sich diesem Befehl zu widersetzen. Die Menschen, die ihnen gegenüber standen, waren vor Entsetzen wie erstarrt und konnten nicht glauben, was sie soeben gehört hatten.

Wie besessen führten jene, die bewaffnet waren, ihre Schwerter gegen die wehrlos waffenlosen Männer, gegen die entsetzt schreienden Mütter, die ihre Kinder zu schützen suchten, gegen den eigenen Vater, gegen die eigene Mutter, gegen das eigene wehrlose Kind. Ein grausames Getümmel erfasste bebend das gesamte Lager, Schmerzensschreie, Todesschreie und grausame Flüche erfüllten den Raum. Das Blut durchschnittener Kehlen schoss in grausam rot quellenden Fontänen aus den Körpern der Getroffenen. Schwerter, die tief in die Eingeweide der Fassungslosen gestoßen wurden, zerschnitten lebendiges Fleisch und das pulsierende Gewebe lebensnotwendiger Organe.

Überall begann es nach dem Inhalt aufgeschlitzter Gedärme und nach Blut zu stinken. Und als das tiefrote Blut in Strömen den Wüstenboden tränkte, erstarrte die Erdenmutter Gaia unter der entsetzlichen Grausamkeit dieser Morde an den einst geliebten Menschen.

Dreitausend Menschen waren es, die in weniger als einer Stunde hingemetzelt worden waren. Die wenigen, die zu fliehen versucht und sich zur Wehr gesetzt hatten, waren chancenlos. Moses beobachtete von seinem Hügel aus ohne Gefühlsregung dieses wahnsinnige Treiben. Er sah, wie mitten in diesem Treiben die Gesetzestafeln zerbrachen und konnte sich darauf vorerst keinen Reim machen.

Nachdem der letzte von den dreitausend Wehrlosen ermordet worden war, verkündete Moses mit triumphierender Stimme, dass dies ein Freudentag Jahwes sei und dass er zutiefst zufrieden sei mit dem, was hier und jetzt geschehen sei. Und damit sagte er die Wahrheit.

Das Gesetz

Tief, sehr tief hatte sich diese Wahnsinnstat in die Seele und in den Geist der Menschen eingeprägt. All diese gnadenlose Grausamkeit erkaltete ihre Herzen und versetzte ihr Denken in eine enge Bewegungslosigkeit. Völlig apathisch begruben sie die teilweise völlig verstümmelten Leichen ihrer Verwandten, ihrer geliebten Kinder und ihrer Frauen, alles einst geliebte und geachtete Menschen, die nun von ihnen selbst ermordet worden waren. Sie begruben diese ohne Trauer zu zeigen, denn auch dazu waren sie nicht mehr in der Lage.

Der gütige Gott Jahwe, so verkündete es Moses, hätte ihnen nun eine zweite Chance gegeben. Sie würden ein neues, ein besseres Gesetz erhalten, eines, das sie niemals mehr brechen durften, wenn sich so etwas nicht abermals wiederholen sollte. Sie selbst wären schuld am Tod so vieler Menschen, sie selbst hätten es durch den Bruch des Bundes herbeigeführt. Sie sollten sich fortan dieser Schuld immerwährend bewusst sein.

Moses verließ das Lager und begegnete abermals, von schaurigen Lichtspielen begleitet, dem angebeteten Gott Jahwe. Dieser hatte das Gesetz inzwischen verfeinert. Und er war sich sicher, dass es diesmal wesentlich besser greifen würde.

Das Gesetz war tatsächlich ausgeklügelt auf allen Ebenen und es war ein grausamer Schlag gegen die freie menschliche Seele. Dieser Gott hatte das Wesen der Menschen inzwischen genau studiert. Er wusste, wo er den Menschen treffen und wie er ihn willenlos machen konnte.

Das oberste, das wichtigste und das am detailliertesten ausgeführte Gebot war das seiner, Jahwes eigener Anbetung. Die Anbetung war zwingend und musste tagtäglich ausgeführt werden. Es war vehement verboten, sich einem anderen Gott zuzuwenden oder ihn gar zu verehren. Jahwe erklärte, dass er als einziger und alleiniger Gott angesehen werden musste. Nur er alleine war Gott.

Jahwe war sich bewusst, dass er seine Macht nun ausreichend eindringlich in das Wesen der Menschen implantiert hatte.

Der zweite Schlag gegen das freie Wesen des Menschen war die massive Verstärkung der Angst vor dem Tod. Diese Angst, die Angst vor dem endgültigen und umfassenden Erlöschen des Bewusstseins, diese Urangst der Götter, wurde per Gesetz auf den Menschen übertragen.

Niemand hätte jemals ein Gesetz erlassen müssen, das besagte, dass die Ermordung eines Menschen mit massiven Problemen im sphärischen Feld der Erde einhergehen würde. Das wussten die Menschen ganz selbstverständlich. Zum Gesetz erhoben wurde das Tötungsverbot aber, um vor allem eine Botschaft zu vermitteln: Nämlich die, dass der Tod das absolute Ende von allem sei. Mit dieser Angst, das wusste Jahwe, würde er die Menschen endgültig seinen eigenen kranken Feldfrequenzen weitgehend angleichen.

Die Obskurität, mit der dieses Gesetz erlassen wurde, war ohnegleichen. Der Mord, der unmittelbar zuvor von Jahwe befohlen worden war, widersprach diesem neu erlassenen Gesetz vollkommen.

Das nächste Gesetz schlug gleich auf zwei Ebenen zu. Zum einen erklärte es den persönlichen Besitz, das persönliche Eigentum als unumstößlichen Wert. Jeder, der etwas besaß, war von nun an in der Lage, diesen Besitz gegen einen anderen, Besitzlosen, anzuwenden. Besaß jemand Land, konnte er dem anderen das Betreten dieses Landes verwehren, selbst wenn dieser einen Durchgang dringend benötigte, um z. B. an Wasser zu kommen. Besitz wurde zu einem Machtmittel erklärt und den Menschen wurde die Ausübung dieser Macht entsprechend suggeriert.

In diesem Gebot wurde die Stellung der Frau zum Mann ebenfalls eindeutig festgelegt. Sie, die Frau, war das Eigentum des Mannes. Und kein anderer Mann sollte diese Frau, die bereits Eigentum war, begehren.

Damit leitete Jahwe das Gesetz gegen die freie Liebe ein. Er schrieb die Ehe vor. Er erklärte hiermit, dass es der Frau verboten sei, mehr als einen Mann zu lieben. Sie, die Frau, die Wissende in der Kunst der Liebe und der Sexualität, war damit in der Ausübung ihrer Liebesfähigkeiten vollkommen beschnitten worden.

Das war nicht nur ein Schlag gegen die Frau, sondern vor allem ein Schlag gegen Lilith, die Urkraft in der Frau. Es war Jahwe klar, dass er hier mit Widerstand rechnen musste. Es war ihm klar, dass es jedem Menschen unmöglich war, seine Liebe ausschließlich auf nur einen einzigen Menschen zu beschränken. Daher befahl er gegen jeden, der dieses Gesetz brach, die Ermordung. Liebe sollte von nun an mit Mord geahndet werden, sobald sie sich spontan und unkontrolliert äußerte.

Es war Jahwe klar, dass er durch eine häufige Ausübung solcher Exekutionen nach und nach ein allgemeines Gewaltfeld gegen die Liebe erschaffen und ein Implantat im Wesen jedes einzelnen Menschen setzen konnte. Ein Implantat, das dem Menschen die freie Liebe als Betrug, ja als Verbrechen und als Schmach erscheinen lassen würde. Die Täuschung des Menschen, dass es nur einen einzigen wahren Seelenpartner gebe, hatte mit dem Mythos begonnen, dass Eva aus Adams Seite oder Rippe erschaffen worden war. Und nun wurde diese Exklusivität in der Liebe per Gesetz fortgesetzt und in Stein gemeißelt.

Eine weitere Fassette der jahweschen Gesetze bestand darin, dass er die Elternschaft und vor allem die Rolle des leiblichen Vaters festschrieb. Von nun an war es von gewichtiger Bedeutung, wer der leibliche Vater eines Kindes sei, denn dieser müsse vom Kind geachtet und verehrt werden. Die Zeit, in der es eine matrilineare Gesellschaftsstruktur gegeben hatte, war somit endgültig und per Gesetz abgeschafft worden.

Die Ehrerweisung der Eltern hatte außerdem den Effekt, dass die Eltern all ihre implantierten Erfahrungen und vor allem ihren Glauben, ihren Glauben an Gott und ihren Glauben an das Gesetz, direkt auf die Seele und das Wesen ihrer Kinder übertragen konnten. Das Kind war von nun an per Gesetz verpflichtet, die Infektion des göttlichen Wahnsinns von seinen Eltern zu übernehmen.

Dies sei, so erklärte Jahwe, der neue und endgültige Bund, den er mit den Menschen, mit seinem auserwählten Volk, nun geschlossen habe, er, der ihr Schöpfer und Erschaffer sei. Er beauftragte Moses, diese Gesetze nun unwiderruflich in Stein zu meißeln und wie ein unantastbares Heiligtum zu behandeln.

Das Volk der Hebräer war ausreichend paralysiert. Nicht die geringste Gegenwehr kam auf, kein Murren und kein Widerspruch, als es um die Annahme dieser Gesetze und dieses einseitigen Bundes mit Jahwe ging.

Moses hatte unter der Anleitung Jahwes genau gewählt, als er bestimmt hatte, wer zu ermorden war und wer überleben durfte. Jeder rebellische Geist im Volk hatte den Tod gefunden und die Gehorsamen waren am Leben geblieben. Das Lachen in den Zelten war verstummt. Es war totenstill geworden.

Von diesen Gesetzestafeln ging eine schauerliche Macht aus. Der Glaube an dieses Gesetz war wie ein schwarzer Sog, der jeden in seinen Bann zog, ein schwarzes Loch, aus dem nichts als Schuld, Verurteilung und Unterdrückung zurückkam. Bald schon wurden jene wenige Menschen, die sich zu lieben wagten, mit unglaublichem Eifer und Mordslust hingerichtet und mit Steinen erschlagen. So starb auch die Liebe unter den Menschen. Denn im Korsett des ehelich geregelten Lebens hatten weder die Liebe, noch eine freudvoll erfüllende Sexualität eine Überlebenschance. Die lebendige Kraft der Lilith wurde unterdrückt und schwelte von nun an in dunklen sexuellen Phantasien und in Form von feuchten Träumen im verbotenen Unterbewussten.

Die Steintafeln, in welche die Hebräer die Gesetze eingraviert hatten, verwahrten sie in einem eigens dafür angefertigten Schrein, den sie Bundeslade nannten. Der Bau dieses Schreins war ihnen von Jahwe genauestens vorgeschrieben worden.

Und es war ein Objekt mit höchst magischer Gewalt. Jeder Gesetzesspruch, jede Verurteilung, jede Unterdrückung und jede Ermordung, die im Namen dieser Gesetze exekutiert wurde, vermehrte die Macht dieser Bundeslade und damit auch die Macht Jahwes über sein Volk. Das Feld, das von diesem magischen Objekt erzeugt wurde, war das dunkelste Feld der Macht und der Gewalt, das es jemals gegeben hatte.

Das Volk der Hebräer zog weiter, fraglos erduldend, aber mit immer stärker werdendem inneren Druck. Das verheißene Land war ihr Ziel. Die Inbesitznahme des Landes am Jordan war das, worauf Jahwe sich nun konzentrierte.

Das Wesen des Moses verhärmte. Die ewigen Wanderungen durch den Staub und die Unverlässlichkeiten ihres Gottes, dem sie gefolgt waren, hatte ihm jeden Lebenssinn, sowie jede sinnvolle Vision geraubt. An das fruchtbare, verheißene Land, das auf sie wartete, glaubte er längst nicht mehr. Die Bilder der Ermordung von dreitausend Freunden, Brüdern, Kindern und Frauen, von Menschen, die innig geliebt worden waren, verfolgten ihn in seinen Träumen. Seine Seele versuchte die Spannung dieser Schreckensbilder zu verarbeiten. Die Träume, die aus seinem eigenen Inneren hochstiegen, waren stärker als jene Traumbilder, die Jahwe ihm zur Führung des Volkes übermitteln wollte. Und Moses war nicht der einzige, der diesen Wahnsinn in seinen Träumen verarbeiten musste.

Als Jahwe erkannte, wie es um Moses bestellt war, ließ er ihn von einem Moment auf den anderen fallen. Moses war zu einem fehlerhaften Empfänger der jahweschen Befehle geworden. Er hatte das, was ihm von göttlicher Seite aufgetragen worden war, immer wieder falsch verstanden und so sein Volk auf der Wanderung durch die Wüste häufig in die falsche Richtung geführt. So kamen sie immer wieder in Gebiete, die zwar fruchtbar waren, aber längst von anderen Stämmen besiedelt worden waren. Jene Stämme, auf welche die Hebräer trafen, empfingen sie nicht gerade herzlich. Nicht selten wurde ihnen die Durchreise durch ein Gebiet vehement und unter Kriegsandrohung verwehrt. Nicht selten brachten die Irrtümer des Moses sein Volk in eine gefährliche Lage. Nicht selten wurden sie unter hohem Blutzoll in kämpferische Auseinandersetzungen verwickelt.

Das Volk wurde aufgrund der wiederholten Fehlentscheidungen des Moses allmählich unruhig und mürrisch. All die Frustrationen, die sich aufgrund der nicht gelebten Sehnsüchte, der nicht gelebten Liebe, der nicht erfahrenen Erfüllung und der enttäuschten Erwartungen in ihnen aufgestaut hatte, entluden sich gegen Moses. Er wurde unter vorgehaltener Hand für die sich im Volk breitmachende allgemeine Enttäuschung verantwortlich gemacht. Und ohne die andauernde Unterstützung durch Jahwe verfiel Moses wieder in seine ursprüngliche Schwächlichkeit und Unsicherheit. Er verlor seine Macht im Volk zusehends und wurde immer häufiger zum Sündenbock für die Mühsal und die nicht enden wollende Wanderschaft gestempelt.

Das Gesetz und die von ihm ausgehende Macht galten im Volk als unantastbar. Das Leid und die Unterdrückung, die sich die Menschen im Namen des Gesetzes mit Verbissenheit immer wieder selbst zufügten, waren nicht nur grenzenlos. All das erlittene und selbst zugefügte Leid suchte außerdem nach einem Ventil, über das es sich rächend entladen konnte. Und solch ein Ventil wurde gefunden. Eines Nachts wurde Moses von seinen eigenen Leuten hasserfüllt erschlagen und im Wüstensand verscharrt. Seine Ermordung wurde totgeschwiegen und man ging unmittelbar dazu über, nach einem fruchtbaren Land zu suchen, in dem man sich endlich niederlassen konnte.

Josua war der neue Günstling des Jahwe. Er war jung und voller Ehrgeiz. Und er war gewillt, mit seinem Volk jenes Land zu rauben, das ihm Jahwe zeigen wollte. Es war Kanaan, das Land westlich des Jordans.

Unter Josua rüsteten sich die Hebräer zum Krieg. Sie setzten all ihre Energie und all ihre Hoffnungen nun auf ein mächtiges Heer, das sie aufzustellen wussten. Und dann fielen sie ohne jede Vorwarnung in das Land Kanaan ein. Sie überrumpelten das völlig überraschte Jericho und plünderten diese Stadt. Danach überfielen sie die Stadt Ai und fielen schließlich über sämtliche Siedlungen westlich des Jordans her. Ihr Kriegszug war erbarmungslos und konnte rasch siegreich beendet werden. Sie begannen sich in dem von ihnen geraubten Land niederzulassen.

Jahwe hatte also sein Ziel erreicht.

Er hatte ein ihm höriges Volk unter sich. Und er hatte ein gutes Stück Land am Jordan mit diesem Volk unter seine Kontrolle gebracht.

Gaias Schwester

Den Göttern war es gelungen, der Mutter Erde das geliebte Kind Mensch zu entreißen. Zuerst durch Trug, Schein und Illusion und dann durch Schuld und implantierte Glaubensprogramme. Das Gesetz hatte sich als ausgezeichnetes Machtinstrumentarium erwiesen. Im Namen des Gesetzes konnten Menschen bedroht, unterdrückt und ermordet werden. Im Namen des Gesetzes konnte die freie Liebe zu einem Vergehen, zu einer Todsünde erklärt und die sich Liebenden hingerichtet werden. Das einstige Feld der Liebe und des Friedens war zerschlagen worden, Gewalt und Angst waren feldbestimmend geworden und ein allgemeines Kriegsfeld lag über der Erde.

Der Mensch machte sich die Erde untertan, indem er sich nahm, was er wollte. Auch diese Haltung hatte sich feldbestimmend verbreitet. Der Mensch sah es als sein Recht an, dass er sich alles nehmen konnte, ohne darum zu fragen oder Mutter Erde darum zu bitten. Die Götter, die selbst als die Erschaffer dieser Erde angesehen wurden, hatten dies dem Menschen nicht nur erlaubt, sondern sogar aufgetragen!

Das geliebte Kind wandte sich mit brutaler Gewalt gegen seine Mutter. Der Mensch entriss der Erde gierig das Erz, das er brauchte, um daraus seine Waffen zu schmieden und das Kriegsfeld zu nähren. Die verletzten und zerstörten Erzadern erzeugten im einst so klaren atmosphärischen Feld der Gaia unglaubliche Dissonanzen. Das telepathische Netzwerk, über das der Mensch einst so klar kommuniziert hatte, war durch immer massiveres Rauschen störend verunreinigt. Der Mensch verlor seine telepathischen Fähigkeiten und er verlor die Fähigkeiten, aus dem sphärischen Feld der Erde das Wissen der weisen Priesterinnen abzurufen. Der Geist des Menschen verarmte zusehends.

Welch zentrale Rolle der Mensch in der Liebesbeziehung der Gaia und des Sohnes des Lichtes gespielt hatte, offenbarte sich erst jetzt. Die Liebenden mussten schmerzlich erkennen, dass die geistige Verwirrung des Menschen auch zu einer Störung ihrer Liebe geführt hatte.

Das von den Göttern installierte Illusionsfeld war hoch wirksam. Jene trügerische astrale Sphäre, über die es den Göttern gelungen war, in die Traumfelder der Spezies Mensch einzusteigen, hatte an Kraft gewonnen. Über dieses Illusionsfeld erschienen die Götter ihren Propheten in Glanz und Glorie, erteilten ihre Befehle und vollführten ihre Zaubertricks, mit denen sie ihre scheinbare Macht zu untermauern suchten. Doch was sie auch immer über dieses Feld erzeugten, es war doch nichts anderes als eine Illusion, die weder nachhaltig noch sinnvoll war.

Die Menschen träumten ihre Träume immer häufiger in diesem Illusionsfeld und verloren so zusehends den Zugang zu den heiligen Träumen der Urmutter. Dadurch aber nährte und vermehrte der Mensch das eigene Gefängnis dieses Illusionsfeldes, das sich zu einem immer dichter werdenden astralen Nebel auswuchs.

Es kam sogar noch schlimmer, als die Verstorbenen sich immer häufiger in diesem astralen Gewirr verfingen und ihren Weg in die Heilungsfelder der Erdenmutter nicht mehr finden konnten. Nicht selten wurde eine Seele wiedergeboren, ohne ausreichend Zeit für die Rückkehr in die Geborgenheit der Erdenmutter gefunden zu haben. Nicht nur das beobachteten die Götter mit Genugtuung, sondern auch, dass das Rad der Wiedergeburten sich schneller zu drehen begonnen hatte. Die Zahl der inkarnierten Menschen begann so stetig anzusteigen. Durch diese Verstrickung der Verstorbenen in diesen düsteren astralen Nebelfeldern verloren die Stämme ihre Verbindung zu ihren Ahnen und damit deren bislang sichere Führung in schwierigen Lebensphasen.

Der Nebel dieses astralen Feldes hatte das Feld der Angst und der Gewalt von der stofflich sichtbaren Welt auf die feinstofflich unsichtbare projiziert. Dort, wo die Götter bislang keinen Einfluss hatten, war ihnen nun unverhofft ein neues, wirkungsvolles Feld in die Hände gefallen. Die Angst vor dem Tod, die sie massiv im Geist der Menschen propagierten, war ein effektives Instrumentarium, um den Menschen mit der trüben Astralwelt zu verflechten. Das Angstfeld in dieser astralen Welt war ein Segen für die Götter, denn es formte die Welt so, wie sie diese haben wollten.

Und auch die Liebe des Sohnes des Lichtes zu seiner geliebten Gaia konnte diesen astralen Nebel nur mehr schwer durchdringen. Natürlich hatte das sinnliche Liebesspiel, der erotische Liebestanz der Gaia mit ihrem Geliebten niemals geendet. Dieser Tanz hatte aber an Schönheit und an Klarheit verloren. Vor allem die klare Wahrhaftigkeit war es, die unter der Störung durch den astralen Nebel litt. Das Licht, das der Sohn des Lichtes befruchtend in den Schoss der Gaia einströmen ließ, musste dieses Nebelfeld durchwandern.

Und dennoch: Die Liebe lebte in den Herzen der Menschen weiter. Es war vielmehr eine unbändige Sehnsucht, die in den Menschenherzen immer wiederkehrte. Die Sehnsucht nach der reinen, der freien, der erfüllenden und erfüllten Liebe.

Eine weitere Sehnsucht schwelte in den Herzen und im Geist der Menschen, die Sehnsucht nach den heiligen Liedern der Mutter Erde. Der Mensch spürte sehr wohl, dass er den Einklang mit seiner liebenden Erdenmutter eingebüsst hatte. Er sehnte sich nach den Liedern der Heilen Matrix, nach den Hymnen, die aus dem Inneren der Gaia liebend und Urvertrauen schenkend aufstiegen. Doch der Mensch wusste nicht mehr, was schief gelaufen war. Selbst die Sehnsucht, die er in sich spürte, wusste er nicht klar zu deuten. Die Verwirrung seines Geistes war zu weit fortgeschritten, als das er die Ursache und das Ausmaß seiner Krankheit hätte erkennen können.

In jenen Zeiten, in denen Gaia erkennen musste, dass die Götter gesiegt hatten, trat ihre planetare Schwester, die Venus, tröstend an sie heran. Die liebende Beziehung zwischen diesen beiden planetaren Wesenheiten vertiefte sich in jenen Zeiten in wunderbarer Weise.

Die Lieder der Heilen Matrix, die Gaia tief in ihrem Inneren sang, die aus ihrem Inneren aufstiegen und die Herzen der Menschen noch immer berührten, das Wesen der Menschen aber nicht mehr erreichen konnten, diese Lieder folgten einer heiligen Geometrie, einer heiligen Struktur. Venus, die planetare Schwester der Gaia, lenkte die Aufmerksamkeit der Erdenmutter auf diesen Tanz, den die beiden Schwestern bereits seit Äonen vollzogen hatten. Dieser kosmische Tanz barg in sich ein Geheimnis und eine stille, bedeutsame Kraft. Der Tanz dieser beiden planetaren Geschwister vollzog sich genau im Rhythmus eben dieser heiligen Geometrie. Die Lieder der Heilen Matrix der Gaia, die Struktur der Erscheinungsformen allen organischen Lebens auf ihr und der kosmische Tanz der planetaren Schwestern waren eins!

Seit Äonen schon hatten sie diesen Tanz miteinander vollzogen und damit dem Sternenmeister Ahau eine Musik geschenkt, Gesänge der Liebe, der Heilung und der Harmonie, die er, der Sternenmeister, mit seiner machtvoll klaren Stimme in die Weiten der Galaxie hinausgesungen hatte.

Dies, so sagte die Venus, seien die Lieder der Liebe und der Schönheit, die Lieder der Sinnlichkeit und der Erfüllung. Gaia möge diesen Liedern bewusst lauschen und würde dadurch nicht nur Trost, sondern auch Kraft und Mut erfahren. Denn diese Lieder, die dem planetaren Tanz entsprangen, entsprachen nicht nur den inneren Liedern der Gaia, sondern verstärkten und unterstützten diese sogar. Das irdische Liebesfeld wurde durch den Tanz mit der venusischen Schwester lebendig gehalten.

Und Gaia erkannte, das dem tatsächlich so war.

Die venusische Schwester wandte sich von da an mit besonderer Hinwendung der Erde zu. Und sie empfing vom Sternenmeister Ahau die Bitte, dass ihre Hinwendung durch einen immer wieder zunehmenden Plasmastrom auch auf der stofflichen Ebene die irdischen Sphären erreichen möge.

So wurde die Sehnsucht, die in den Herzen der Menschen lebte, durch die venusischen Hinwendungen genährt. Das sphärische Feld der Gaia erhielt klare Informationen der Liebe, Liebesimpulse, die auch vom Geist der Menschen wahrgenommen und dankbar empfangen wurden. Lilith, jene Urkraft der Frau, das Wissen um die sinnlich erfüllende Liebe und Sexualität, wird seit jenen Tagen durch die venusische Zuwendung genährt. Das Liebes- und Friedenswissen der Lilith verdichtete sich seit jenen Tagen im kosmischen Raum, im nahen Umfeld der Erde, am sensitiven Punkt der Mondbahn. Denn dort wurde es von den venusischen Zuwendungen liebevoll genährt. Und dort war es den kriegerischen Zugriffen der Götter für immer entzogen worden.

Die venusische Einstrahlung erreichte das Wesen der Menschen. Sie waren gewohnt, himmlische Kräfte mit dem Namen von Göttern zu belegen und als Götter zu verehren. So geschah dies auch mit der venusischen Kraft, die sie an vielen Orten Ischtar nannten. Die vielen zerschlagenen Statuen und Bilder, die Ischtar darstellten, zeugen heute noch vom bald einsetzenden Kampf der Götter gegen den venusischen Einfluss.

Dieser Einfluss hatte aber in den Herzen der Menschen auch etwas Rebellisches wachgerufen. Jene klugen Rebellen, die tatsächlich etwas Sinnvolles im Gewaltfeld der Erde verändern wollten, begannen eines zu lernen: Sie erkannten, dass blindes Losschlagen, ein blinder Ausbruch der Wut nur das Kriegsfeld stärkte und zu ihrer eigenen Vernichtung führte. Sie lernten aber auch, ihre Wut als positive Kraft, als hohe Energie zu nutzen. Sie lernten, diese Energien zu kanalisieren und gezielt einzusetzen.

Der zentrale Einfluss der Venus bestand vor allem in der Erinnerung an die Sehnsucht nach erfüllender Liebe, in der Erinnerung an das Liebeswissen der Lilith und in der Erinnerung an die Lieder der Gaia, die Lieder der Heilen Matrix.

Unter den Menschen formierten sich Gruppen und allmählich auch Netzwerke, welche sich dem Geheimnis, das die Venus ihnen offenbarte, zuwandten. Diese Menschen entdeckten das alte

Wissen der Liebe, die Kunst der Sinnlichkeit und das Friedenswissen wieder.

Eines dieser Netzwerke waren die Essener, welche die Venus mit dem Namen Ischtar anriefen, um mit ihrem Liebeswissen in Beziehung treten zu können.

Diese Essener empfingen aus kosmischen Sphären eine Prophezeiung. Und diese Prophezeiung lautete:

> Es wird kommen die Eine, die geboren wird aus der reinen Liebe.
> Es wird kommen der Eine, der geboren wird aus dem reinen Licht.
> Die reine Liebe ist die Urmutter. Das reine Licht ist der Urvater.
>
> Dann, wenn das Rad des Schicksals
> durch den großen Gönner und Förderer überstrahlt sein wird,
> dann ist die Zeit gekommen.
> Dann, wenn die Stimme des Saturns
> durch das Licht des Jupiters erwärmt sein wird,
> dann werden sich die Tore eröffnen.
>
> Dies wird sein die Zeit, in der sie erscheinen können und erscheinen werden.
>
> Ihr werdet erkennen
> sie, die eine Tochter der Urmutter
> und ihn, den einen Sohn des Urvaters.
>
> Sie werden euch anvertraut sein.
> Unter eurer Obhut, unter eurem Schutz
> und unter eurer Liebe werden sie erblühen.

Und es wird erblühen die Liebe zwischen ihnen,
die reine und sinnliche Liebe von Mann und Frau
und mehr noch:
Die erfüllende Vereinigung des himmlischen Vaters
mit der irdischen Mutter.

Behütet deren Liebe. Fördert deren Liebe.
Denn deren Liebe ist es,
durch die das Schicksal der Welt gewendet werden kann.

Er wird wirken als Lehrer und verkünden das Licht.
Seine Lehre wird entmachten die herzlose Kälte des Gesetzes.
Seine Lehre wird die reine Liebe sein.

Seine Lehre wird gehört werden,
sie allerdings wird jene sein, die wirkt.
Sie wird nähren und beleben das, was er verkünden wird.

Lasst niemals zu, dass irgendeine Macht deren Liebe trennt.
Ihr seid die Hüter deren Liebe.
Deren Liebe wird Heilung sein für das Herz der Menschen
und das liegt in euren Händen!

Aus deren Liebe wird geboren werden
die eine Tochter des reinen Lichtes und der reinen Liebe,
die das Blut beider in sich trägt.
Bereits dadurch, dass diese Tochter geboren wird,
verändert sich die Welt.
Gewendet wird das, was nicht im Gleichgewicht sich befindet.

An einen von euch wird übertragen werden
die Aufgabe, diese Tochter zu behüten.
Nur dann, wenn diese Tochter geboren wird,
nur dann, wenn diese Tochter zur Frau geworden ist,
nur dann hat sich diese Prophezeiung erfüllt.
Der eine von euch, dem diese Aufgabe übertragen sein wird, darf keinesfalls straucheln. Denn seinen Händen alleine wird die erste Vollendung dieser Prophezeiung anvertraut sein.

Sobald sie, die eine Tochter,
die aus dem reinen Licht und der reinen Liebe Geborene,
zur Frau geworden ist, seid ihr aus eurer ersten Mission entbunden.

Ihr werdet euch auflösen, so wird es den Anschein haben.
Ihr werdet andere Wege gehen.

Der Same, der aus dem Leben des Einen und der Einen
und aus dem Leben der einen Tochter
erwachsen ist, wird vorerst nicht auf fruchtbaren Boden fallen.
Ihr aber werdet den Samen am Leben erhalten,
denn darin besteht euere zweite Mission.

Dann kommt die Zeit des Wartens.
Der Same wird über lange Zeit nicht gedeihen.
Es wird seine Zeit noch nicht gekommen sein.

Ihr werdet euch abermals treffen. Ihr werdet euch erkennen.
Und ihr werdet dann euere dritte Mission erfüllen können.

Ihr werdet dann den Samen auf fruchtbaren Boden fallen
lassen,
damit sich endlich das vollenden kann,
was stets vollendet werden sollte:
Die Heilung der Liebe.

Die Essener, die in einem globalen Feld der Angst und der Gewalt lebten, hüteten diese Prophezeiung durch absolute Geheimhaltung. Sie waren eine der Wenigen, die wussten, wie es um den Menschen tatsächlich bestellt war. Und sie wussten, dass sie durch diesen klaren Auftrag dieses Feld würden wandeln können.

Sie warteten auf den, der aus dem reinen Licht geboren wurde. Und auf die, die aus den heiligen Liedern der Mutter Erde kam.

Erfüllte Prophezeiung

Der Mensch war das zentrale Bindeglied zwischen dem Sohn des Lichtes und der Mutter Erde. Der Mensch war die Brücke, über die diese Liebe gestört werden, oder aber fließen konnte. Und dieser Mensch hatte eine außerordentliche Gabe: Sein Geist war fähig, das sphärische Feld eines Planeten nicht nur zu beeinflussen, sondern sogar zu verändern. Die Gedanken, die ein Mensch dachte und die Emotionen, die ein Mensch erlebte, erzeugten ungewöhnlich kraftvolle Wellenmuster, die auf das sphärische Feld der Erde einen mächtigen Einfluss hatten.

Genau das hatten die Götter erkannt. Und genau das nutzten sie, um die Angst und die Gewalt feldbestimmend auszuweiten. Sie benutzten den Menschen nicht nur als braven Energielieferanten, sondern auch dazu, das irdische Feld so zu verändern, dass es den Frequenzmustern der Götter immer mehr entsprach.

Die venusische Zuwendung hatte Gaia aus ihrer traurigen Lethargie entbunden. Venus verstand es, ihrer geliebten Schwester wieder Mut zu machen, vor allem weil ersichtlich wurde, dass sie, die Venus, mit ihrem Strahlen und ihren Liedern das Wesen des Menschen sehr wohl erreichen konnte. Auch wenn dieses geliebte Kind seiner Mutter gewaltsam und durch Betrug entrissen worden war, auch wenn die gesamte Spezies Mensch unter einer umfassenden geistigen Verwirrung litt, war doch die Sehnsucht in den Herzen der Menschen lebendig geblieben. Und das machte sowohl ihr, der Urmutter Gaia, als auch ihm, dem Urvater des reinen Lichtes wieder Hoffnung.

Wenn der Mensch der Schlüssel für das irdische Feld war, so musste über den Menschen eine Heilung in das irdische Feld eingebracht werden. Zu einer Heilung bedarf es eines Impulses, der gezielt im richtigen Moment und am richtigen Ort gesetzt werden musste. Es genügte, wenn dieser Impuls bereits von einem einzigen Menschen in das gesamte System eingebracht werden konnte. Je klarer und konzentrierter dieser Impuls war, umso wirkungsvoller war er.

Und das brachte den Urvater und die Urmutter auf eine entscheidende Idee…

Die Prophezeiung der Essener erfüllte sich. Sie wussten, dass die Zeit gekommen war, als am Himmel sich das Licht des unterstützenden Jupiters sich mit dem schicksalhaften Licht des Saturns vereinte.

Es wurde jener Sohn geboren, der prophezeit worden war. Er wurde geboren mitten in jenem Land westlich des Jordans, das politisch vom römischen Imperium beherrscht wurde, in Wirklichkeit aber unter der unangefochtenen Kontrolle Jahwes stand. Das römische Imperium, welches dieses Land besetzt hatte, würde einst ebenfalls unter der Kontrolle Jahwes stehen, das war seine Vision, in die er sehr viel Energie fließen ließ. Das würde der Schlüssel zur Weltmacht sein, das wusste er.

Dieser prophezeite Sohn wurde mitten in diesem Land geboren. Er stammte aus dem reinen Licht. Er war so sehr durchwirkt vom reinen Licht des Urvaters, dass ein noch stilles und kraftvolles Leuchten von ihm ausging. Die Weisen unter den Essenern erkannten ihn sofort und nahmen ihn, voller Achtsamkeit und Liebe, behütend in ihren Reihen auf. Im Geheimen wuchs er auf. Selbst unter den Essenern wussten es nur wenige, wo und wer er war.

Es wurde jene Tochter geboren, die prophezeit worden war. Auch sie wurde geboren in jenem Land westlich des Jordans. Auch sie wurde von den Essenern sofort als die Prophezeite erkannt. Auch sie wurde in den essenitischen Reihen voller Hingabe und Liebe behütend aufgenommen. Ihr Wesen war vollkommen mit den heiligen Liedern der Mutter Erde durchwoben. Sie war die Tochter der Urmutter. Und allein durch ihr Sein strahlten diese Lieder in die sphärischen Felder der Erde ein.

Die Zeiten in Palästina waren unruhig. Ein brennender Hass gegen die römischen Besatzer schwelte und brach immer wieder unkontrollierbar hervor. Das Land glich einem hoch explosiven

Pulverfass. Es konnten jederzeit Unruhen ausbrechen und wie eine Woge der Gewalt, wie ein Flächenbrand das gesamte Land erfassen. Mit blutiger Macht wurden alle jüdischen Aufstände von den Römern niedergeschlagen. Dann fraßen die Geier das Fleisch der gekreuzigten Aufständischen.

Die Essener beschlossen daher, die beiden prophezeiten Kinder aus dem Gefahrenbereich zu entfernen und im wesentlich sichereren Alexandria unterzubringen. Später, wenn die Zeit gekommen war, würden sie dorthin zurückkehren, wo sie ihren Weg zu gehen hatten und wo sie ihr Wirken vollbringen mussten.

Dort in Alexandria unterhielten sie eine Gemeinschaft, die sich als die Heiler der Erde verstanden. In dieser Gemeinschaft wurden die beiden Kinder geschult und wuchsen heran zu erwachten Erwachsenen, die sich ihrer Aufgabe bewusst waren.

Die Liebe, die zwischen ihm, Jesus und ihr, Maria Magdalena erblühte, war wie eine Welle, die sich immer höher aufschwang und alles erfasste, was um sie war. In Jesus und Maria Magdalena liebten sich nicht nur zwei Menschen. In ihnen liebten sich der Urvater und die Urmutter in Menschengestalt. In ihrer Liebe lag eine allumfassend sinnliche Erfüllung, eine bedingungslose Hingabe der weiblichen Kraft und ein bedingungsloses sich Entäußern des reinen männlichen Lichtes. Das Friedenswissen der Frau und ihr Wissen um die Kunst der Liebe und der freien Sexualität begegneten dem reinen männlichen Licht seit langem endlich wieder in vollkommen reiner und erfüllender Form. Das, was im Mythos von Adam und Eva während ihrer Begegnung mit der Schlange der Weisheit am Baum der Erkenntnis hätte gelebt werden sollen, das vollzog sich nun tatsächlich. Die Liebe wurde in Gestalt dieser beiden Menschen in vollen Zügen, als Urvater und Urmutter, auf allen Ebenen gelebt, vollzogen und erforscht. Dort, wo die Liebe von Adam und Eva einst durch den eifersüchtig tyrannischen Jahwe unterbrochen worden war, konnte sie nun weiter gelebt werden. Die behütende Kraft der Essener hatte inmitten der Wirrnisse dieser Zeit eine Nische geschaffen, in der diese Liebe vollkommen aufblühen konnte.

Maria Magdalena empfing das verheißene Kind in dieser heiligen Liebe. Und jene, die mit diesen beiden Menschen lebten, verstanden das kosmische Mysterium, das kosmische Wunder der Vereinigung der Urkräfte, das sich hier vollzog und aus dem Sarah, das verheißene Kind hervorging.

Dann kam die Zeit, in der beide, Maria Magdalena und Jesus, ihren Weg nach Palästina antreten mussten, um dort den Auftrag zu erfüllen, den sie so intensiv in sich spürten. Seit Jahren waren sie nun auf die Erfüllung dieses Auftrags vorbereitet worden. Durch die Fähigkeit der Essener, den möglichen Verlauf von Ereignissen vorherzusehen, konnten sie das, was nun geschah, oft bis ins kleinste Detail hinein vorausplanen. Nichts von dem, was hier und jetzt geschehen sollte, wurde dem Zufall überlassen.

Es war das Charisma des Jesus, sein zeitweise sogar sichtbar werdendes inneres Leuchten, das den Geist der Menschen befreiend beflügelte. Und es war die bedingungslos freie Liebe der Maria Magdalena zu Jesus, welche die Herzen der Menschen berührte. Das, was Jesus sprach, hatte eine absolut befreiende Wirkung auf den gefangenen Geist der Menschen. Und die Liebe, die sie zwischen diesen beiden Liebenden sahen und spürten, diese Liebe berührte das Herz der Menschen genau dort, wo deren eigene innigste Sehnsucht schwelte und wo dieses innigste Sehnen unterdrückt werden musste.

Genau das zog die Menschen magisch an. Denn sie erlebten in den Worten des Jesus und in der Liebe der Maria Magdalena eine grenzenlose Befreiung und eine allumfassende Heilung. Es geschah immer wieder, dass kranke Menschen, die in das heilende Feld dieser beiden Menschen kamen, spontan gesund und heil wurden. Es waren nicht bloß die körperlichen Symptome, die wie ein Wunder von einem Moment auf den anderen verschwanden, sondern es war vor allem die Heilung des Wesens und der Seele, die sich in diesen Menschen von einem Moment auf den anderen vollzog.

Diese Wunder sprachen sich wie ein Lauffeuer herum und zogen hunderte und tausende an.

Dabei brachen Jesus und Maria Magdalena mit nahezu allem, was sie taten, das bestehende Gesetz. Sie taten dies, weil sie durch ihre Liebe gar nicht anders konnten. Sie brachen die Gesetze, da diese der Liebe gänzlich widersprachen. Ihre Liebe durchbrach die eisige Kälte des Gesetzes und raubte diesem Instrumentarium der Macht seine Kraft. Dieser eisige Panzer, der die Kette der Angst und Gewalt stets von Neuem erschafft, brach auf und die Menschen im Umfeld erwachten. Die Menschen erwachten und begannen einander wieder zu lieben, frei von den gesetzlich manifestierten Repressalien. Die Liebe unter den Menschen begann wieder unkontrolliert frei dorthin zu fließen, wo sie erblühen und wo sie gelebt werden wollte.

Jesus und Maria Magdalena durchbrachen das Gesetz allein schon dadurch, dass sie ihre Liebe niemals den gesetzlichen Vorschriften unterworfen hatten, nicht verheiratet waren und dennoch ihre Liebe nach außen hin offen und frei zeigten. Und sie durchbrachen das Gesetz mit Absicht, weil sie den Menschen klar machen wollten, dass ein Gesetz nur solange seine Macht ausüben konnte, solange man daran glaubte.

Die Botschaft des Jesus war eindeutig und klar.

Er zerbrach die Ketten des Gesetzes. Ein freier Raum eröffnete sich dadurch, ein freier Raum, in dem die Liebe, die bedingungslose Liebe frei erblühte.

Maria Magdalenas Botschaft war ebenfalls völlig eindeutig und klar.

Sie verkörperte die Liebe und die heiligen Lieder der Mutter Erde. Sie verkörperte den Einklang mit der Urmutter Gaia. Und sie verkörperte das Friedenswissen der Liebe und der Sexualität.

Lilith erstrahlte, als sie sah, wie klar und rein diese Botschaft in das irdische Feld und in das erleichtert aufjubelnde Wesen der Menschheit einfloss. Und Gaias Liebe blühte auf, als sie erkannte, dass der Plan, den sie mit ihrem Geliebten erträumt hatte, sich erfüllte.

Sie, Gaia, hatte ihn, den Sohn des Lichtes, immer wieder in Gestalt dieser beiden Menschen innig und mit allen Sinnen geliebt. Was nun auch immer geschehen sollte, diese Liebe hatte sich vollzogen. Diese Liebe war gelebt worden und in dieser Liebe war das prophezeite Kind gezeugt worden. Was auch immer geschehen sollte, die Spuren dieser Liebe hatten sich in den irdischen und in den galaktischen Raum eingeprägt und würden für immer erkennbar bleiben!

Jahwe war außer sich vor Zorn, als er die Macht seines eisigen Gesetzeswerkes zerbrechen sah. Wie war es möglich, dass zwei völlig unbedeutende Menschen, zwei Menschen ohne jegliche Macht, in der Lage waren, ihn derart herauszufordern? Jahwe erkannte nicht, dass ein unbrechbarer energetischer Schutz um diese beiden Menschen wachte, eine unsichtbare Hülle, die beide unangreifbar machte, eine Hülle, die gezielt von den im Hintergrund wirkenden Essenern aufgebaut worden war und ständig genährt wurde. Jahwe erkannte bloß, dass er mit seinen Aktionen jedes Mal zu spät kam, wenn er diese beiden Menschen oder zumindest einen von ihnen eliminieren wollte.

Jesus selbst setzte viel Aufmerksamkeit daran, die Fixierung der Menschen auf den unberechenbar tyrannischen Gott aufzulösen. Jesus zeigte den Menschen einen völlig neuen Zugang zum Licht, indem er häufig vom Urvater sprach, vom „Vater im Himmel", der mit seiner unendlichen Liebe sich den Menschen, seinen Kindern und der Erde zugeneigt hatte. Die Menschen spürten, was er meinte und sie bekamen nach und nach einen klareren Blick, einen freieren Zugang zu diesem reinen Licht, das vom Urvater ausging und jederzeit in die irdischen Gefilde einfloss.

Der Impuls, den Jesus mit seiner geliebten Maria Magdalena setzte, war enorm. Auch wenn er, Jesus, am Ende seines Erscheinens in Palästina an der Wirkung seines Tuns zweifelte, hatte er dennoch seinen Auftrag bestens erfüllt. Er zweifelte, da er erkennen musste, dass die Menschen zwar voller Dankbarkeit seine befreienden Worte in sich aufnahmen, diese aber nicht wirklich verstanden. Sie spürten genau, was er meinte, konnten aber das Gesagte niemals auch nur annähernd mit eigenen Worten zum Ausdruck bringen. Was Jesus aber am meisten betroffen machte, war die Erkenntnis, dass seine Worte äußerlich betrachtet keine Wirkung zu haben schienen. Die Menschen nämlich, die zu ihm kamen, kehrten voller Begeisterung in ihr alltägliches Leben wieder zurück, ohne aber irgendetwas konkret zu verändern. Sie lebten ihr bisheriges Leben weiter, auch wenn sie innerlich befreit waren und nach außen hin gelöster wirkten. Was Jesus nicht wusste, war, dass diese Menschen, die ihm und der Maria Magdalena begegnet waren, für Jahwe gänzlich unangreifbar geworden waren.

Am Ende seines öffentlichen Wirkens in Palästina erlöste Jesus in seinen Ansprachen die Menschen vor deren Angst vor dem Tod. Die Angst vor dem Tod war nicht nur ein mächtiges Instrumentarium, um den Menschen zu manipulieren, sondern außerdem die Urangst der Götter selbst, mit der sie den Menschen infiziert hatten.

Doch im Feld der umfassenden, bedingungsfreien und auf allen Ebenen erfüllenden Liebe, das von Jesus und Maria Magdalena ausging, erkannte jeder den Irrtum dieser Angst. Kein Bewusstsein, keine Existenz konnte jemals erlöschen, da es kein Bewusstsein gab, das jemals aus dem Nichts erschaffen worden war. Bewusstsein, Geist und Seele waren zeitlos gegenwärtig und ewig existent. Das, was sich veränderte, war stets nur die Form und die Gestalt, mit der sie in Erscheinung traten.

Die Menschen, die um Jesus und Maria Magdalena waren, spürten das, auch wenn sie es nicht in Worte zu fassen gewusst hätten. Die Botschaft der Liebe, die von Maria Magdalena verkörpert und von Jesus verbreitet worden war, diese Botschaft war wahrhaftig. Diese Botschaft war lebendig, während jene der Todesangst daneben gänzlich verblasste. Die Liebesbotschaft überstrahlte alle und alles.

Über drei Jahrzehnte hinweg hatten die Essener das dreijährige öffentliche Auftreten des Jesus und der Maria Magdalena in Palästina vorbereitet. Und sie hatten gezielt die Befreiung vom Tod an das Ende deren Wirkens gestellt.

Jahwe hatte es nun bereits über drei Jahre hinweg nicht geschafft, das Wirken dieser beiden Menschen zu unterbinden. Und das mitten in seinem eigenen Herrschaftsgebiet, mitten in Palästina! Jene Hohepriester, die ihm dienten, wären schon lange berechtigt gewesen, Jesus wegen Gotteslästerung ermorden, steinigen zu lassen. Er war eine Gefahr der von ihnen vertretenen Ordnung. Und sie hatten bereits alles daran gesetzt, ihn ausfindig zu machen, um ihn verhaften und verurteilen zu können. Doch dieser wurde wie von unsichtbarer Hand geführt und entschwand deren Zugriff jedes Mal. Sobald die Häscher der Hohepriester dort erschienen, wo Jesus sich aufhielt und predigte, schien es, als hätte er sich in Nichts aufgelöst.

Jesus und Maria Magdalena wussten, dass ihr öffentliches Auftreten in Palästina zu einem Ende gekommen war. Die Botschaft der Befreiung vom Tod und die Botschaft der Liebe waren Samen, die gesät worden waren und im Wesen der Menschen erblühten. Wann sie zur Reife gelangen würden, war ungewiss. Doch die Zeit würde kommen.

Sie allerdings mussten dieses Land nun verlassen. Ihre Wege mussten sich für etliche Jahre trennen. Der Weg des Jesus führte nach Indien, wo er einen weiteren Seelenauftrag zu erfüllen hatte. Der Weg Marias führte sie und ihre Tochter Sarah in die römische Provinz Gallien, wo sie in einer sehr kargen und mit Höhlen durchzogenen Landschaft in einen geborgenen Untergrund abtauchten. Sarah wuchs dort in Stille heran und erfüllte so die zweite Prophezeiung der Essener.

Und nicht einmal Jahwe wusste, dass diese beiden Menschen Palästina bereits verlassen hatten. Da dieser Gott noch immer versuchte, diese beiden Menschen aus dem Verkehr zu ziehen, seine Priester dazu aber nicht fähig waren, schlug er einen anderen Weg ein. Er schürte im Volk die Unruhe und zettelte einen Aufstand an. Die Zeloten, eine radikale Terroristengruppe, waren stets dafür zu haben. Und es war ihnen jedes Mittel recht.

Die Zeloten hatten von jenem Wanderprediger, der sich Jesus nannte, bereits gehört. Dessen Aussagen, die immer wieder gegen die Gesetze gerichtet waren, kamen dem rebellischen Geist der Zeloten sehr entgegen, auch wenn sie diese Aussagen als Kampfparolen gegen das römische Gesetz und gegen die römischen Besatzer uminterpretieren mussten. Jahwe selbst vermittelte ihnen die Idee, diesen Jesus als Zugpferd für einen Aufstand zu nutzen. Jahwes Kalkül bestand darin, dass dadurch Jesus endlich aus seiner Unangreifbarkeit auftauchen würde, denn er kannte das perfekte Untergrundnetz der Zeloten. Er wusste, dass diese alles und jeden kannten.

Doch auch die Zeloten konnten Jesus nicht finden. Sie fanden aber einen anderen, der glücklicherweise ebenfalls Jesus hieß und der bereit war, sich in den Dienst dieses Aufstandes zu stellen. Dieser zweite Jesus, dieser Schützling der Zeloten, behauptete allmählich von sich selbst, dass er ebendieser berühmte Wunderheiler sei. Noch dazu sei er von königlicher Abstammung, aus dem Hause Davids kommend und daher der einzige, der von den Juden als wahrer König anerkannt werden konnte. Er, Jesus, solle als neuer König der Juden ausgerufen werden. Er sei der wahre Gesalbte, der Messias, der sowohl die Söhne des verhassten Herodes, als auch die römischen Besatzer aus dem Heimatland der Juden vertreiben werde.

Der heraufbeschworene Aufstand verlief katastrophal, denn diesem Jesus fehlte das für die aufwieglerische Propaganda nötige Charisma. Als die Zeloten merkten, dass sie auf diesem Weg und mit dieser Galionsfigur nicht weiter kamen, ließen sie ihn fallen. Ein Mann namens Judas, der dem militanten Arm der Zeloten, den Sikarier, zugehörig war, verriet diesen Jesus, um die Anführer der Aufständischen vor dem Zugriff der hellhörig gewordenen römischen Spitzel zu bewahren.

Jesus wurde von den Römern ergriffen und mit der üblichen imperialistischen Brutalität gegeißelt und gekreuzigt. Er war in diesem grausamen Spiel zum Bauernopfer der Zeloten geworden. Mit seiner Ergreifung hatten sich die Aufwiegler wieder ruhig verhalten und so den Römern vorgegaukelt, dass ihnen der Anführer des Aufstandes in die Hände gefallen wäre.

Das war nicht nur das Ende dieses sinnlosen Aufstands, sondern auch das Ende dieses Aufständischen namens Jesus, der mit jenem Jesus, der die Botschaft der Liebe vermittelt hatte, nichts zu tun hatte. Doch die Geschichten dieser beiden völlig konträren Menschen vermischten sich im Laufe der Zeit, in den Erzählungen, die von Mund zu Mund gingen, langsam zu einer einzigen Gestalt.

Verzerrte Botschaft

Die einen behaupteten, Jesus sei von den Römern gekreuzigt worden. Sie erzählten, dass sie dies sogar mit eigenen Augen, zumindest aus der Ferne, gesehen hätten. Die anderen erzählten, dass sie danach mit eigenen Augen Jesus noch ein oder zweimal völlig unversehrt begegnet wären. Doch dann sei dieser plötzlich für immer verschwunden.

Und dann erinnerten sich wieder andere, dass Jesus ihnen selbst erzählt hatte, dass er durch die Liebe den Tod besiegen konnte. Und bald bestand kein Zweifel mehr, dass Jesus nach seiner Kreuzigung wieder auferstanden wäre. Dieses finale und endgültige Wunder verfehlte seine Wirkung nicht. Selbst die grausamste aller Foltern der verhassten Besatzungsmacht Rom, der Tod durch das Kreuz, konnte dem Wanderprediger Jesus nichts anhaben! Seine Anhänger, die nach seinem plötzlichen Verschwinden und nach der Botschaft seines Todes sich verloren und verlassen gefühlt hatten, waren nun plötzlich beflügelt und begeistert. Sie begannen das, was sie erlebt hatten, voller Enthusiasmus weiter zu erzählen.

Dass das Auftreten dieses Jesus und dieser Maria Magdalena eine derartige Wirkung im Wesen der Menschen ausgelöst hatte, erzürnte Jahwe gewaltig. Er setzte zuerst alles daran, die Verbreitung dieser Liebesbotschaft zu unterdrücken. Er ließ jene, die von diesen Menschen erzählten, vehement verfolgen. Doch sein klarer Verstand erkannte sehr schnell, dass dem dadurch nicht beizukommen war. Durch Verfolgung wurde der in den Menschen erwachte Geist nur noch stärker.

Daher korrigierte Jahwe seine Taktik umgehend. Und er erkannte das enorme Potential, das in dieser sich aufbauenden Welle lag. Diese Welle hatte eine derartig starke Kraft, dass er selbst, Jahwe, damit die Weltherrschaft ergreifen konnte. Das, was dafür nötig war, konnte durch ein geschicktes Umprogrammieren dieser Welle spielend erreicht werden. Die Menschen, die vom Leben und Wirken des Jesus sprachen, hatten nicht im Geringsten verstanden, was dieser eigentlich damit gemeint hatte. Sie spürten seine Botschaft, erfühlten sie, doch das würde er, Jahwe, leicht in eine andere Richtung lenken können!

Er selbst, Jahwe, sah sich bereits als Herrscher über eine neu aufkommende Religion. Im Namen Jesu würde er, Jahwe, sich anbeten lassen. Und im Namen Jesu würde er, Jahwe, in noch nie da gewesenen Kriegszügen über die Erde ziehen und alle, die seine Anbetung verweigerten, dazu zwingen. Er würde jene Völker, die ihm zugetan waren, mit allen ihm zur Verfügung stehenden Mitteln unterstützen, aber alle Völker, die sich ihm widersetzten, gnadenlos vernichten.

Welch geniale Wendung des Schicksals! Ausgerechnet jener Jesus, der seine, Jahwes Macht untergraben wollte, konnte ihm nun derart nützlich sein. Im Namen Jesu und im Namen einer neuen Religion gewaltige Kriege zu führen, das war eine Vision, die Jahwe ungemein begeisterte.

Das Gefährlichste an der Liebesbotschaft des Jesus war die befreite Rolle der Frau und das dadurch wiedererwachte Liebeswissen. Das musste am schnellsten und am radikalsten korrigiert werden. Und das sollte ihm in dieser bereits sehr stark patriarchal geprägten Welt schnell gelingen.

Jahwe erschien einem äußerst ehrgeizigen und gefühlskalten römischen Soldaten, der im Auftrag des römischen Imperiums sich in der Christenverfolgung einen Namen machen wollte. Er erschien diesem Mann in einer mächtigen Vision und forderte ihn auf, „umzukehren". Und er versprach ihm Ruhm, Ansehen und Ehre, sollte dieser sich in seinen Dienst stellen.

Die Aussicht auf schier übernatürliche Anerkennung und auf grenzenlosen Ruhm ließ das Ego des ehrgeizigen Saulus keinen Moment lang zögern. Er nahm den Pakt mit diesem Jahwe an und nannte sich von da an Paulus, um die ihm widerfahrene göttliche Bekehrung stolz nach außen hin zu präsentieren.

Mit den einfachen Menschen der frühchristlichen Gemeinschaften hatte er, der bekehrte römische Soldat aus edlem Hause, der einstige Verfolger, ein leichtes Spiel. Er erklärte sich selbst zum Auserwählten Gottes und begann die aufkommende neue Religion in diesen ersten Stunden prägend zu formen. In seinen Briefen an die christlichen Gemeinden betonte er subtil und mit Nachdruck zugleich, dass die Frau ein Mensch zweiter Klasse war. Sie stand unter dem Mann und hatte diesem zu dienen. Er betonte außerdem die Richtigkeit der Institution der Einehe und das strikte Verbot, die Liebe frei zu leben. Es war einfach für ihn, die freigekommene Liebe der Menschen wieder in den engen Zwinger der Einehe zurückzudrängen. Zu lange hatten diese bereits in dieser lieblosen Enge gelebt.

Bis auf wenige gnostische Splittergruppen, die sich den Glaubensdiktaten des Paulus nicht zu unterwerfen gedachten und die später von den Christen selbst ausreichend diffamiert, bekämpft und vernichtet wurden, gelang es Paulus tatsächlich, die soeben wiedergefundene Freiheit der Frau und die Freiheit der Liebe zu unterbinden.

Der nächste entscheidende Erfolg gelang Jahwe im römischen Reich selbst. Er zeigte sich dem aufstrebenden Flavius Valerius Constantinus, der später als Kaiser Konstantin in die Geschichte eingehen sollte. Konstantin griff nach der alleinigen Macht im römischen Reich und stand vor seiner Entscheidungsschlacht gegen Maxentius, seinen ärgsten Kontrahenten. Konstantins Glaubenswelt drehte sich um den Sonnengott Sol, der sich als Manifestation des größten und höchsten, unsichtbaren Gottes ausgegeben hatte. Am Vorabend der Entscheidungsschlacht erschien nun Jahwe diesem machthungrigen Römer in glänzend strahlender Gestalt und versprach ihm, dass er im Zeichen des Jesu Christi siegen würde. Konstantin nahm dieses göttliche Geschenk an und ließ die Schilde seiner Soldaten mit den Insignien des Jesu Christi bemalen. An der Milvischen Brücke schlug er Maxentius vernichtend und wurde zum Kaiser des Römischen Reiches gekrönt.

Jahwe erschien darauf hin dem neuen Kaiser abermals und handelte mit ihm einen fatalen Vertrag aus. Er, Konstantin, würde in all seinen Schlachten im Namen Jesu Christi siegreich sein, wenn er fortan ihm, dem einen wahren Gott diente. Die neue Religion, das Christentum, müsse fortan zur obersten und wichtigsten Staatsreligion erklärt werden und er, Jahwe, zum einzig wahren Gott.

Das Erscheinen Jahwes entsprach der glänzenden und sonnenähnlich strahlenden Gottesvorstellung des neuen römischen Kaisers durchaus. Außerdem erkannte dieser, dass er seine ehrgeizigen Ziele durch diese göttliche Hilfe spielerisch durchsetzen konnte. So nahm er diesen Vertrag an. Bald darauf wurden die ersten blutigen Kriege zur Unterjochung ganzer Völker im Namen Jesu und zu Ehren Jahwes geschlagen.

Die neue christliche Religion wurde durch die gewaltige Macht des römischen Imperiums, unter der Kontrolle und nach dem Willen Jahwes geformt. Er, Jahwe selbst, behauptete von sich, dass er der von Jesus angerufene Vater im Himmel sei. So wie Jesus ihn angebetet hätte, müssten von nun an alle Christen es ebenfalls tun.

Der Machtgewinn, der dadurch dem Jahwe zufloss, war ungeheuerlich. Einen Großteil der Bevölkerung des römischen Imperiums hatte er damit zu seinen Energielieferanten gemacht. Und durch die Kraft des aufstrebenden Christentums und die kriegerische Gewalt des römischen Kaisers wurden es immer mehr.

Jahwe formte sich diese neue Religion in genialer Weise genau so, wie er es wollte und zu seinem alleinigen Vorteil.

Sobald die anderen Götter erkannten, wie aus diesem bislang scheinbar unbedeutenden Mitläufer mit einem Schlag ein immer mächtig werdender Herrscher geworden war, wurden sie unruhig. Die neue Religion hatte Jahwe genauso unter seine Herrschaft gebracht, wie das mächtige römische Imperium. Und das in nur wenigen Jahrhunderten! Die Götter wussten, dass dieser nun die besten Karten zur Erlangung der Weltherrschaft in Händen hielt!

Die Bedeutung alles Weiblichen verdrängte Jahwe aus seiner neuen Religion radikal. Er verleugnete die Bedeutung der Maria Magdalena gänzlich und ließ Jesus als seinen eigenen Sohn erscheinen! Er selbst erklärte sich zu jenem Gott, der seinen einzigen Sohn auf die Erde geschickt hätte, um dort alle Menschen von deren Sünden zu erlösen. Dadurch aber, dass die Menschen seinen einzigen Sohn getötet hätten, dadurch hatten sie sich natürlich eine neue, untilgbare Schuld aufgeladen. Nur die inständige Anbetung Gottes, seiner selbst, nur diese Anbetung würde sie von dieser neuen Schuld befreien können.

Die Bedeutung, die Jesus einst seiner geliebten Frau und Liebespartnerin, Maria Magdalena, zugewiesen hatte, ersetzte Jahwe durch einen neuen göttlichen Vertreter auf Erden. Er behauptete, dass Jesus selbst in der Gestalt des Petrus einen irdischen Vertreter Gottes eingesetzt hätte. Petrus sei der erste rechtmäßige Papst auf Erden gewesen, der die Befolgung der göttlichen Gesetze und vor allem die Anbetung des einen und einzigen Gottes zu überwachen und wenn nötig mit Gewalt durchzusetzen hatte.

Und wieder war Jahwe siegreich auf allen Ebenen. Doch auch wenn der Name Jesu auf die schlimmste Art missbraucht worden war, hatten sich die Prophezeiungen der Essener dennoch erfüllt. Jesus hatte mit seiner Liebe zu Maria Magdalena einen Samen in das Wesen der Menschheit gesetzt. Sie hatten Spuren hinterlassen, die nie mehr getilgt werden konnten. Und Sarah, das prophezeite Kind, hatte das Licht des Vaters und die Lieder der Mutter in sich vereint. Sie war Mensch geworden und hatte unter den Menschen gelebt.

Die Weltherrschaft

Innerhalb weniger Jahrhunderte hatte Jahwe es geschafft, vom unbedeutenden Gott der Hebräer mit einem sehr kleinen Herrschaftsbereich zum Gott eines Weltreiches zu werden. Er hatte die Gestalt des Jesus missbraucht, um in seinem Namen eine neue, gewalttätig unterdrückende Weltreligion zu formen. Den Irrtum, dass dieser Jesus gekreuzigt worden sei, machte er sich geschickt zunutze. Er wählte das Kreuz, ein bestialisches Folterwerkzeug, einen Hinrichtungsgegenstand, als Symbol für seine Kirche.

Mit einem perversen Sarkasmus projizierte er Jesus, den Sohn des Urvaters, auf das Kreuz, um ihn und alles, was dieser bewirken wollte, zu töten. Er wollte damit alles, was dieser Jesus gemeinsam mit seiner geliebten Maria Magdalena in den Geist der Menschheit übermittelt hatte, vernichten. Der Same, der den Geist der Menschheit befruchtet hatte, sollte zerstört werden, ehe er aufging.

Außerdem wollte dieser Gott mithilfe des Kreuzes das Thema der Schuld in einer neuen, noch massiveren Form aufblähen. Die bislang dem Menschen implantierte Schuld, die mit der Verurteilung des Apfels vom Baum der Erkenntnis und mit der Verteufelung der sexuellen Sinnlichkeit bereits gelungen war, sollte nun erweitert werden. Denn nun pflanzte Jahwe in den Geist der gläubigen Menschen den Glaubenssatz, dass jeder Mensch Anteil an der unvorstellbar großen Schuld hätte, die durch die grausame Hinrichtung „seines" Sohnes entstanden wäre.

Er, Jahwe, der selbst die Fiktion des ermordeten, des gekreuzigten Jesus erfunden hatte, übertrug dieses Verbrechen nun als Schuld auf den Geist der Menschheit. Durch die Grausamkeit der Kriege, die er fortan im Zeichen des Kreuzes initiierte und durchführte, prägte sich die Last des Kreuzes schmerzhaft in den Geist des Menschen ein.

Aus der neuen Religion wurde durch die Institution der Kirche ein Instrumentarium der Macht. Die Menschen wurden durch Gewalt auf allen Ebenen dazu gezwungen, sich dieser Religion zu beugen und die damit verbundenen Glaubenssätze in ihrem eigenen Wesen zu integrieren. Jeder, der dieser Kirche beitrat und dem durch das Ritual der Taufe symbolisch die Glaubensimplantate eingeprägt wurden, diente fortan dem immer mächtiger werdenden Jahwe und nährte diesen mit seiner eigenen Energie und Kraft.

Und dennoch war die lückenlose Herrschaft über die Welt und über jene Menschen, die Jahwe mit seiner neuen Religion beherrschte, nicht gelungen. In den Menschen war etwas lebendig geblieben. In den Menschen lebte sowohl der Geist der Lilith weiter, als auch eine geheime und schwelende Sehnsucht nach der Urmutter Gaia und dem reinen Licht.

Der Geist des Menschen suchte an den unterdrückenden Glaubenssätzen der Religion vorbei zu kommen und den dahinter liegenden Liebesgeist des Jesus und der Maria Magdalena zu erreichen. Auch wenn es dazu massiver innerer Verdrehungen bedurfte, gelang es dennoch immer wieder. Menschen spürten die Urkraft der Weiblichkeit, der Urmutter und der sinnlichen Lilith, als auch das reine Licht des Urvaters. Und das inmitten der von Jahwe beherrschten Kirche. Die Art, wie die Menschen diese Religion lebten und praktizierten, führte sie immer wieder an den kirchlichen Dogmen vorbei, hin zum reinen Licht und zu einer, wenn auch in Form der Marienverehrung verdrehten Vereinigung mit der Urmutter Gaia.

Außerdem war jener Same, der aufgegangen war, als sich der Urvater und die Urmutter sinnlich erfüllend und umfassend in den Körpern zweier Menschen geliebt hatten, im Geist der Menschheit auf unglaublich fruchtbaren Boden gefallen. Das Leben der Sarah und das Leben ihrer Kinder und Kindeskinder wirkten im Menschen stärker, als dies Jahwe vorhergesehen hatte.

Und das war noch nicht alles. Auch der Geist der Lilith war lebendig geblieben. Das Liebeswissen, das Wissen um die erfüllte sexuelle Liebe und Sinnlichkeit war in den Frauen am Leben geblieben. Und es wurde immer wieder, wenn auch meist im Geheimen, gelebt!

Die Menschen missachteten, wo immer es ihnen möglich war, die unterdrückenden Glaubensdogmen der Kirche. Sie spürten die Existenz der Nachfahren des Jesus und der Maria Magdalena, selbst wenn diese sich niemals öffentlich zu erkennen geben konnten. Und sie lebten den Geist der Lilith. All das waren Kräfte, die dem Gott dieser Kirche nicht alle Macht, nicht alle Energien zufließen ließen. Zuviel an menschliche Energien entging Jahwe. Und das veranlasste ihn, seinen kirchlichen Machtapparat zu perfektionieren.

Der Kirche war es bekannt, dass Jesus und Maria Magdalena Nachfahren hatten. Es gab ausreichend Dokumente, die dies belegten. In der immer mächtiger werdenden Kirche begann daher ein Wettlauf gegen die Zeit. Diejenigen, die Jahwe treu dienten und dafür sowohl mit bedeutender weltlicher, als auch kirchlicher Macht versorgt wurden, setzten alles daran, diese Dokumente aufzuspüren und zu vernichten. Die Existenz dieser Dokumente hatte sich bereits herum gesprochen und war anderen Gruppierungen, die keineswegs den kirchlichen Machtinteressen dienten, in die Hände gefallen. Diese Gruppierungen nannten diese Aufzeichnungen die „Gralsdokumente“. Und der Krieg um diese Dokumente entbrannte mit subtiler und hinterlistiger Gewalt.

Wer immer aber mit diesem Wissen um die Nachfahren des Jesus und der Maria Magdalena, welche die „Gralskinder“ genannt wurden, in Berührung kam, konnte sich der damit verbundenen Faszination nicht entziehen. Denn dem eröffnete sich vor allem über Maria Magdalena ein Tor zu einer weiblichen Urkraft, ein Tor zur Urmutter.

Jahwe befahl nicht nur, die Dokumente, welche die Existenz der Gralskinder belegten, lückenlos aufzuspüren und zu vernichten. Er befahl außerdem, eine gnadenlose Verfolgung aller Nachfahren des Jesus und der Maria Magdalena aufzunehmen. Er befahl jeden, der auch nur mit einer geringen Wahrscheinlichkeit ein Nachkomme des Jesus sein konnte, sofort und erbarmungslos zu ermorden. Jene Kirche, die sich den Namen des Jesus auf ihre Fahnen geheftet hatte, diese Kirche hatte seinen Kindern und Kindeskindern den Krieg erklärt!

Eine bedeutsame politische Kraft, die auf Seiten der Gralskinder stand, waren die Ritter des Templerordens. Nicht selten gelang es ihnen, Gralskinder im Geheimen vor den wachsam spionierenden Augen der Kirche zu verbergen, oder vom Zugriff der kirchlichen Meuchelmörder zu erretten.

Der Templerorden wurde zu einer immer bedeutsamer werdenden politischen Macht, die dem Papst mehr und mehr entglitt. Er verlor nicht nur die Kontrolle über sie. Es mehrten sich außerdem Gerüchte, nach denen die Templer zu solch zentralen politischen Fragen, wie jene bezüglich der Gralskinder, eine vom Papst abweichende Stellung bezogen. Als König Phillip IV. von

Frankreich gegen die Templer vorgehen wollte und diesbezüglich im Papst einen Verbündeten fand, war das Schicksal der Templer besiegelt. In einer akribisch genau durchgeplanten polizeilichen Geheimaktion wurden in nur einer einzigen Nacht sämtliche Templer entweder inhaftiert oder kurzerhand ermordet.

Jahwe war damit zwar keineswegs die lückenlose Vernichtung der Gralskinder gelungen, wohl aber ein massiver Schlag gegen jene, welche diese behüteten und unterstützten.

Wenige Jahrzehnte vor der Vernichtung der Templer war eine andere Kraft unter den Menschen bedeutend geworden. Immer wieder formierten sich religiöse Bewegungen, die zu den kirchlichen Dogmen in Opposition gingen. Diese Menschen spürten, dass die kirchlich verbreiteten Dogmen weder Erlösung brachten, noch jene tief lebendige, spirituelle Sehnsucht in den Menschen stillen konnte, die andauernd unterschwellig in den Menschen schwelte. Auch wenn die in den Menschen aktiven Glaubenmuster keineswegs zu einem erfüllenden Leben führen konnten, auch wenn diese Menschen häufig glaubten, nur in einer Weltflucht und in einer Unterdrückung der sinnlichen Freuden ihr Seelenheil finden zu können, widersprachen sie doch einigen anderen Glaubensmustern, die für die angestrebte Weltmacht des Kirchengottes Jahwe von bedeutender Wichtigkeit waren.

Eine der bedeutendsten religiösen Gruppierungen waren die Katharer. Sie erkannten vor allem den Irrsinn des kirchlichen Religionssymbols, nämlich des Kreuzes. Sie weigerten sich schlichtweg, diesen Hinrichtungsgegenstand, dieses Folterwerkzeug anzubeten. Sie weigerten sich, dem Schuldsymbol zu huldigen und der Kirche zu dienen.

Da solche Bewegungen keine Seltenheit waren, wurde der Begriff der Häresie eingeführt. Häresie wurde mit aller Härte und

Brutalität verfolgt, wurde zum Kapitalverbrechen erklärt und mit der gesetzlich vollkommen gerechtfertigen Ermordung geahndet.

Als Häresie wurde jede Abweichung von den kirchlichen Dogmen bezeichnet. Jeder, der Gedankengänge zuließ, die nicht mit jenen der Kirche im Einklang standen, oder jene, die diese Gedanken gar öffentlich kundtaten, waren Häretiker und damit Kapitalverbrecher der schlimmsten Art.

Dieser Begriff der Häresie wurde vom Kirchengott Jahwe massiv gefördert, um jegliche gedankliche Abweichung von seiner Gewaltherrschaft gänzlich zu unterbinden. Er wollte damit die umfassende mentale Gleichschaltung aller von ihm beherrschten Menschen erreichen. Die ins Leben gerufene Inquisition war das dafür erfundene Instrumentarium der Gewalt. Die Ermordung aller der Häresie bezichtigten Menschen brannte sich tief in den Geist und in die Herzen der Menschen ein. Die kirchliche Schrekkensherrschaft wurde dadurch nicht nur gewaltsamer, sondern auch lückenloser. Die durch die Folterungen und Ermordungen erlittenen Verletzungen verdichteten sich zu massiven Implantaten, die sich im zellulären Gedächtnis der Menschen einprägten. Solch tiefe Verletzungen werden nicht nur von Generation zu Generation weiter gegeben, sondern auch von Inkarnation zu Inkarnation von jedem Einzelnen mitgenommen.

Mit den Albigenserkriegen begann die Vernichtung der Katharer durch die Inquisition. Der letzte Rückzugsort der Katharer war die Burg Montségur, wo sie im Jahr 1243 von 10.000 Soldaten der Inquisition eingeschlossen wurden. Nach monatelanger Belagerung fiel diese Burg im März 1244. Am Vorabend des Falls von Montségur war es den Katharern aber gelungen, die Gralskinder, die sie auf der Burg vor der Inquisition in Schutz genommen hatten, durch die Reihen der Belagerer hindurch zu schleusen. Nur durch die Mithilfe einer Spezialeinheit der Templer konnte diese Befreiung im Geheimen gelingen. Auch wenn sämtliche Katharer ermordet wurden, die Gralskinder waren entkommen!

Die Verfolgung der Kinder Jesu wurde noch über Jahrhunderte hinweg von der Kirche betrieben. Und obwohl alle Beschützer und Sympathisanten der Gralskinder vernichtet worden waren, überlebten die Gralskinder selbst dennoch. Ihre Spuren verloren sich und Jahwe musste den Plan ihrer vollkommenen Vernichtung aufgeben. Dies war die erste wirkliche Niederlage, die der Kirchengott tatsächlich hinnehmen musste!

Der Krieg gegen Lilith

So konzentrierte Jahwe seine Vernichtungspläne gegen seine Erzfeindin, gegen Lilith. Dadurch, dass die Kunst der Liebe und der Sexualität im Wissen der Frau lebendig geblieben war, hatten die Menschen Wege gefunden, um ihre tiefsten Sehnsüchte nach Liebe zumindest zeitweise zu leben. Auch wenn der soziale Druck gegen alles Sinnliche und vor allem gegen jede frei gelebte Liebe massiv geworden war, konnte das Erleben einer erfüllenden Sinnlichkeit nicht vollkommen unterdrückt werden.

Lilith hatte nicht nur überlebt, sondern war sogar stärker geworden. Dass die planetare Schwester der Gaia, Venus, auf die Felder der Gaia ständig einwirkte und in den Frauen das Liebeswissen am Leben erhielt, erzürnte Jahwe zutiefst, zumal er dagegen nicht das Geringste bewirken konnte. Die Venus war für ihn gänzlich unerreichbar, gänzlich unangreifbar. Gegen dieses planetare Wesen hatte er nicht die geringste Chance.

Sein genialer und kranker Geist, sein übersteigertes Ego, das sich nun durch seine weltumspannende Macht nur noch mehr aufgebläht hatte, sann nach einer nachhaltigen Lösung dieses Problems. Und so wurde eines seiner hinterhältigsten Vorhaben geboren: Er plante die Vernichtung der Weiblichkeit. Er plante die teilweise Ausrottung der Frau auf diesem Planeten Erde. Jede Frau, welche die Verbindung mit Lilith in sich trug, sollte ermordet werden.

Jahwe verstärkte seinen Druck gegen die Erfüllung in der Liebe, gegen die Erfüllung in der Sexualität. Alles, was mit sinnlicher Liebe zu tun hatte, wurde noch bestimmter mit der Last der Schuld behaftet. Die Sexualität wurde zu einer einzig in der Ehe erlaubten Sauerei diffamiert. Der einzig vollkommene und gottesgefällige Zustand wäre jener, in dem die Sexualität nicht gelebt wurde. Die Sexualität wurde zur schlimmsten Todsünde erklärt.

Ein enormer Leidensdruck erwuchs daraus unter den Menschen! Denn jeder, der diesen lebensfeindlichen Glaubenssatz in sich implantieren ließ, musste seine sexuellen Wünsche und seinen natürlichen organischen Trieb verdrängen und unterdrücken.

Dieser Leidensdruck äußerte sich in äußerst perversen Formen, denn die unterdrückte Lilith erschien den Menschen, Mann wie Frau, immer häufiger in den Träumen. Gottesfürchtige Menschen gingen daher dazu über, im Schlaf ein Kruzifix über ihre Genitalien zu halten, um die Wirkung der Lilith auf deren Wesen abzuwehren.

Noch perverser waren allerdings die vor allem in den Klöstern gelebten Praktiken der körperlichen Selbstzerstörung. Manch eine Klosterschwester umgürtete sich mit einem mit Nägeln und Stacheln besetzten Gürtel, der ihr bei jeder Bewegung ins eigene Fleisch schnitt. Sie litten unter ununterbrochenem, fürchterlichem Schmerz und ihre Wunden entzündeten sich grauenvoll. Nur so, nur mit diesem dröhnenden, schrillen stets präsenten Schmerz, konnten sie ihre sexuellen Wünsche und Sehnsüchte übertönen. Nur so konnten sie die tief in ihren Herzen schwelenden Sehnsüchte nach Liebe, nach Sinnlichkeit und nach erfüllender Sexualität überschreien.

Doch diese Entwicklung alleine war Jahwe nicht genug. Er wollte den Krieg gegen Lilith und er wollte ihn gründlich! Er wollte die Ausrottung dieser Kraft im Wesen der menschlichen Spezies erreichen.

Er inspirierte dazu den Dominikanermönch Heinrich Kramer zur Verfassung des Hexenhammers. Dieser Mann, dem es nicht gelungen war, seine sexuellen Wünsche und Sehnsüchte zu unterdrücken und der in einem Hexenprozess gegen eine einfache Frau kläglich gescheitert war, verfasste eine Schrift, die zur Grundlage für eine der grausamsten Massenvernichtung in der Menschheitsgeschichte wurde. Frauen, die in sich die Fähigkeit der Heilung und ihren Bezug zur Mutter Erde auf eine sehr intensive und sinnliche Weise entwickelt und bewahrt hatten, wurden brutal verfolgt, gefoltert und bei lebendigem Leibe verbrannt. Es waren hunderttausende Töchter Gaias, die solch einen grausamen Tod fanden.

Die Schreie und Schmerzen dieser weisen Frauen prägten sich tief, unendlich tief in das Wesen der Menschen und in das zelluläre Gedächtnis vieler Frauen ein. Die Verbindung zwischen dem Friedens- und Liebeswissen der Lilith und der damit verbundenen grausamen Verfolgung und Ermordung sind mächtige Implantate, die auch heute noch lange nicht überwunden sind. Diese nicht nur mit eiskalter Konsequenz, sondern auch mit vernichtender Brutalität durchgeführte teilweise Ausrottung des weiblichen Geschlechtes, hatte nicht nur den Einfluss der Lilith weitgehend von diesem Planeten zurückgedrängt, sondern wurde zur Grundlage für den Krieg zwischen den Geschlechtern. Diese brutale Grausamkeit war die Grundlage für das tiefe Misstrauen zwischen Mann und Frau, für die Unmöglichkeit der offenen Liebe zwischen den Geschlechtern, die auch heute noch in unseren Zellen gespeichert und in unserem Bewusstsein ungeheilt aktiv ist.

Das war ein massiver Schlag gegen das Liebeswissen der Frau. Das war ein massiver Schlag gegen die Erfüllung in der sexuellen, in der körperlichen Liebe. Und es war ein massiver Schlag gegen das Herz des Menschen und gegen die Liebesfähigkeit der gesamten Spezies Mensch.

Es ist ein Wunder, dass der Mensch heute überhaupt noch lieben kann. Es ist ein Wunder, dass das Herz des Menschen durch diesen Krieg nicht starb, sondern heute noch sehnt und liebt.

Verschiedene Gesichter

Sobald Jahwe seine Macht als ausreichend stark eingeschätzt hatte, begann er mit seinem Eroberungsfeldzug. Mit einem Heer an christlichen Missionaren verbreitete sich seine kirchliche Religion auf allen Kontinenten. Er unterwarf weite Gebiete, die bis dahin fest von anderen Göttern kontrolliert worden waren und als uneinnehmbar gegolten hatten. Er breitete seinen Einfluss auf Territorien aus, die bislang das unantastbare Hoheitsgebiet anderer Götter gewesen waren.

Allmählich verlangte er, dass auch Götter ihm, Jahwe, zu dienen hätten. Er verlangte von jenen Göttern, deren Macht er durch seine gnadenlos missionierende Kirche ausgehöhlt und deren Religionen und Riten er zerstört hatte, die Unterwerfung. Sie sollten zu seinen ihm dienenden Vasallen werden.

Jahwe wollte damit schrittweise zum alleinigen Anführer der Götter werden. Luzifer, der vor mehr als fünf Jahrtausenden verschwunden war, galt ihm nun als erstrebenswertes Vorbild.

Die Götter hatten kaum etwas in der Hand, das sie diesem übermächtig gewordenen Jahwe entgegenzusetzen hatten. Denn diesen Göttern war es nicht annähernd gelungen, ein derart weltumspannendes Netzwerk aufzubauen. Daher war sowohl die Energie menschlicher Anbetung, als auch die weltumspannende militärische Macht, die den Göttern zur Verfügung stand, nicht im Geringsten vergleichbar mit jener, die Jahwe sich zunutze gemacht hatte.

Die Missionare weiteten das Herrschaftsgebiet Jahwes aus. Die Methode war dabei immer dieselbe. Dort, wo die Missionare auftraten, erschufen sie gezielt eine massive Irritation im Geist der Menschen. Jene Völker, die zu Missionsopfern der geistig verwirrten, aber fanatisch eifrigen Missionare geworden waren, verloren innerhalb kurzer Zeit ihre eigene kulturelle und spirituelle Identität. Überall, wo die Missionare in Erscheinung traten, wirkte deren verwirrter Geisteszustand wie eine tödliche, zerstörerische und höchst ansteckende geistige Infektion.

Und dann, sobald in einem Volk ein ausreichend gestörtes Feld erschaffen worden war, wurde im Namen der Kirche, im Namen des Kreuzes mit Waffengewalt jenes Volk attackiert, unterjocht oder vernichtet.

Über lange Zeit hinweg hatten sich ein Großteil der indigenen Völker gegen den Wahn der Götter behaupten können. Es gab in den Weiten des amerikanischen Kontinents Völker, die keinem der Götter dienten und sich eine innige Verbundenheit mit allem, was lebt, mit dem Licht des Großen Geistes, dem Licht des Urvaters also, sowie mit der Urmutter Gaia bewahrt hatten. Der Geist dieser Menschen war frei geblieben. Doch dem Ansturm der aus dem Osten eindringenden, gewalttätigen Fremden waren diese Völker in keinster Weise gewachsen.

Die Völkermorde, die an den indigenen Stämmen begangen wurden, sind die gewaltigsten in der gesamten Menschheitsgeschichte. Und diese geschahen allesamt im Namen des Kreuzes und im Geist der katholischen Kirche!

Doch wie sehr sich die Macht Jahwes auch über diesen Planeten ausgedehnt hatte, die alleinige Weltherrschaft hatte er nicht an sich reißen können. Die Spezies Mensch wurde zwar umfassend von ihm kontrolliert und energetisch ausgezerrt, aber nicht vollkommen unterjocht. Immer wieder erwachten frei denkende Menschen auf diesem Planeten, die seinem Zugriff entkamen. Da tauchten immer wieder Menschen auf, deren Geist frei dachte und deren Herzen frei liebten. Diese freien Menschen wirkten auf andere inspirierend, zogen andere mit und machten auch diese für Jahwes Zugriffe immun.

Jahwe hatte allerdings sein Ziel, die uneingeschränkte Weltherrschaft, noch keineswegs aufgegeben. Und so ersann sein genialer, aber kranker Geist einen neuen Plan. Eine neue Ära brach an.

Er nutzte das Rebellische in so manchem menschlichen Geist und dirigierte diese Kraft geschickt und nach seinem eigenen Willen. Manch ein Mensch hatte begonnen, sich gegen die Macht der Kirche und allgemein gegen die Macht der Religionen aufzulehnen. Und genau diese Menschen und deren Streben und Denken wusste Jahwe sich zunutze zu machen.

Neben den weiterhin ertragreichen religiösen Glaubenssätzen erwachte, unter geschickten manipulativen Einflüssen des mächtigen Jahwes, der Geist der Aufklärung. Hier entstanden

Strömungen im Denken der Menschheit, die sich vom Religiösen deutlich distanzierten. Das Ansinnen Jahwes bestand darin, diese Befreiung von religiösen Dogmen dahingehend zu überwachen, dass der Mensch dabei seinen natürlichen Zugang zur Mutter Erde oder zum reinen Licht des Urvaters nicht fand. Der Mensch musste in seiner geistigen Verwirrtheit, in dieser ihn umfassenden Getrenntheit verweilen. Und das gelang diesem Gott hervorragend.

Jahwe manipulierte den neuen, sich als befreit fühlenden Geist der Menschheit derart, dass der Mensch alles zu „entmystifizieren" begann. Denn genau das würde die Getrenntheit des Menschen von den Geheimnissen des Lebens für lange Zeit aufrechterhalten können. Durch diese Entmystifizierung setzte sich im Denken des Menschen der Glaubenssatz fest, dass alles, alles in der Natur und im Kosmos, aus toter, aus vollkommen unbewusster und lebloser Materie bestünde.

Ein toter Kosmos mit unendlicher Leere. Ein Planet Erde, bestehend aus einer Ansammlung toter Materie. Und das Bewusstsein als Produkt einer rein zufällig abgelaufenen Evolution, an deren Ende der Mensch stand. Genau das war eine neue Geisteshaltung, die sich Jahwe bestens zudiensten machen konnte! Denn diese Welt brauchte keine Götter mehr, diese Welt brauchte bloß den Glauben an die tote Materie! Und er, Jahwe, er konnte diese tote Materie ausgezeichnet verkörpern. Jeder Glaube an die tote Materie war fortan ein Glaube an ihn, genauso wie jeder Glaube an Gott ein Glaube an Jahwe war.

Der Glaube an die tote Materie war ein Feld, in dem der Glaubenssatz, nach dem der Mensch sich die Erde untertan machen sollte, bestens gedeihen konnte. Es gediehen der Glaube an den Materialismus und der Glaube an den Besitz. Das Streben nach Macht und nach Eigentum. Und natürlich auch die Angst vor dem Verlust des Reichtums und die nun immer panischer werdende Angst vor dem Tod.

Bewusstsein wurde als chemische Reaktionen im menschlichen Gehirn erklärt, als eine Entladung innerhalb einer Ansammlung toter Materie, die sich aus evolutionären Zufällen heraus zu einem Gehirn geformt hatte. Liebe wurde ebenfalls als solch ein Produkt rein chemischer Reaktionen und einem Zusammenspiel bestimmter Hormone gesehen. Eine Abfolge von Reaktionen also, die gänzlich ohne Bedeutung waren und der sowohl lieblosen, als auch leblosen Lustbefriedigung dienten.

Die Menschen begannen an die Welt der toten Materie zu glauben. Das Universum sei ein Uhrwerk, das einst von einem Schöpfer aufgezogen worden war und seitdem ganz von selbst sich abspielte.

Um an eine bewusstlose Welt toter Materie glauben zu können, musste der Mensch schon ausreichend verwirrt, ja geistig paralysiert sein. Und das war er in jenem Moment bereits in hohem Maße. Der Mensch spürte sich selbst nicht mehr, er spürte nicht mehr, dass er Teil jenes Lichtes des Bewusstseins war, das allumfassend ist. Er glaubte an den Irrtum der Schöpfung und glaubte daher auch daran, dass er selbst, der einzelne Mensch, aus dem Nichts entstanden und von einem Schöpfer gemacht worden war.

Der materialistische Mensch ging dazu über zu glauben, dass er vor diesem Leben nicht existiert hatte, bloß weil er sich daran nicht erinnern konnte oder nicht erinnern wollte. Der materialistische Mensch glaubte doch tatsächlich daran, dass er bei seiner Geburt oder bestenfalls bei seiner Zeugung entstanden wäre. Das aber bedeutete, dass er nach seinem Tod wieder für immer erlöschen würde. Die Todesangst also war in einer neuen, grausam kalten Art mit neuer Macht versehen worden!

Der Mensch, der sich in dieser toten, leblosen Welt nur für eine extrem kurze Zeit leben sah, griff nach allem, was die Materie ihm bieten konnte. Er tat nun alles, um dieser materiellen Welt zu dienen, wenn er nur ausreichend dafür entlohnt wurde. Der Bezug zu seinem eigenen Bewusstsein, zu seinem Herzen oder zur Urmutter Gaia selbst war ihm nicht nur verloren gegangen, er verschwendete nicht den geringsten Gedanken darauf, diesen Bezug, diesen Einklang mit Gaia zu suchen, denn die Urmutter Gaia gab es in seiner Welt nicht mehr.

Das, was dieses bewusstlose, leblose, lieblose und rein aus toter Materie bestehende Universum lenktc, das war das Geld. Geld war Macht. Das Geld finanzierte Machtansprüche und Kriege. Und dieses Geld funktionierte nur dann, wenn der Mensch daran glaubte. Der Glaube an das Geld war nun das, worum Jahwe sich tunlichst bemühte. Und es war nicht schwer, diesen Glauben in das Feld der Erde flächendeckend einzuspeisen.

Geld finanzierte Krieg. Damit wurde die Macht des Geldes eindrucksvoll demonstriert.

Geld erlaubte die Existenz in dieser Welt, während der Mangel an Geld existenzbedrohlich wurde. Wer kein Geld hatte, der ging zugrunde. Geld war also das Leben, kein Geld hingegen bedeutete den Tod.

Der Glaube an das Geld wurde zweifellos vollkommen im Bewusstsein der Menschen integriert. Und der, der die Macht des Geldes steuerte, der, der das Entstehen eines weltweiten Finanzsystems lenkte, war er, Jahwe, selbst! Jahwe unterstützte und lenkte jene Menschen, die das Finanzsystem nach seinem Willen formten und so die Welt nach seinem Willen lenkten. Jahwe selbst hatte sich in Form des Geldes ein Instrumentarium erschaffen, durch das er in einem völlig neuen Gesicht, in völlig neuer und gänzlich unreligiöser Form wirken konnte. Und jeder, der an das Geld glaubte, der dem Geld diente, der glaubte an Jahwe und diente ihm in hohem Maße.

Das Geld, das einst als Tauschmittel dem Menschen dienen und nutzen sollte, dieses Geld war nun zu einer mächtigen Institution geworden, der sich die gesamte Spezies Mensch unterworfen hatte. Und er, Gott Jahwe, er war das Geld. In wenigen Jahrhunderten hatte er so die Weltmacht, die weltweite Macht über die gesamte Spezies Mensch, tatsächlich erlangt! Jahwe, jener Gott also, der niemals seinen Namen nannte, hatte sich abermals namenlos und unsichtbar in das mächtige und eiskalte Gewebe des weltweiten Finanzsystems verwoben. Er selbst ist das Finanzsystem, ein Gott, der als solcher nicht sichtbar ist. Ein unsichtbarer und ein wie eh und je namenloser Gott, dem nun aber jeder Mensch, tatsächlich jeder Mensch dient und dienen muss. Jeder Mensch ist verpflichtet, dem Geld zu dienen und Geld zu verdienen, da ihm andernfalls der Tod droht. Wer diesem Gott nicht dient, wird mit dem Tod bestraft. Und die Spezies Mensch, die diese grausame Struktur durch ihren Glauben aufrechterhält, ist sich dieser Tatsache nicht bewusst!

Die Struktur, nach der das weltweite Finanzsystem heute funktioniert, ist gänzlich widernatürlich und widerorganisch. Alles nämlich, was in der Natur gehortet wird, jede Frucht und jedes natürliche Gut, das nicht genutzt wird, verdirbt. Beim Geld ist dies allerdings genau umgekehrt. Je länger es einem gelingt, Geld nicht zu verwenden, sondern den Geldfluss zu blockieren, umso größer ist über Zins und Zinseszins seine Belohnung. Jeder Fluss, jedes freie Fließen wird bestraft. Je länger ein freies Fließen hinausgezögert werden kann, umso größer aber der Lohn.

Diese gänzlich absurde und widernatürliche Handhabe des Geldes hat sich heute dem Geist des Menschen derart massiv eingeprägt, dass er dies nicht mehr zu hinterfragen wagt. Die geistige Haltung des Menschen hat sich dadurch aber derart verfremdet, dass er die Stimme der Urmutter Gaia nicht mehr zu vernehmen vermag. Er ist taub geworden für die Lieder und Hymnen der Erdenmutter. Tief in ihm schläft seine einst blühende Fähigkeit, diese Lieder zu hören und damit in Einklang zu gehen.

Doch auch jetzt ruht Jahwes Geist noch keineswegs.

Sein letzter Plan ist die vollkommene und weltweit lückenlose Kontrolle der Welt, die Globalisierung des Finanzsystems und die damit verbundene Kontrolle sämtlicher Wirtschaftssysteme. Das ausführende Organ dieser allumfassenden Kontrolle besteht aus einigen wenigen, gänzlich von ihm kontrollierten und für die Öffentlichkeit völlig unsichtbaren Lenkern der Welt. In der Hand dieser wenigen Menschen liegt die Macht allen Geldes. Sie bestimmen den Verlauf der Weltwirtschaft und die Wirtschaftslage einzelner Länder oder ganzer Kontinente. Sie bestimmen, wann und wo und in welchem Ausmaß es zu einer Wirtschaftskrise oder zu einem wirtschaftlichen Aufblühen kommt.

Sie kontrollieren nicht nur das globale Finanzsystem, sondern auch das Gesetz. In ihrer Hand liegen weltweit die Rechtsprechung und die Exekution dieser Rechtsprechung. Sie bestimmen, welche Gesetze erlassen und wie diese interpretiert werden. In ihren Händen liegt auch die Macht, ihre Rechtsprechung, wenn nötig mit Gewalt, durchzusetzen.

Sie bestimmen weiters das weltweite Kriegsgeschehen. Sie finanzieren sämtliche Kriege und unterstützen mit ihrem Geld jeweils beide Kriegsparteien. Von ihrer Lenkung hängt es ab, wie der Krieg verläuft, wie sehr er sich ausweitet und wie und wann er endet.

Grundlage für diese weltweit lückenlose Macht ist die allumfassende Kontrolle auf allen Ebenen. Die vom Geist vieler Menschen getragene Idee der Globalisierung ist der Nährboden für diese weltweite Kontrolle. Die dafür nötigen technischen Mittel sind heute dafür vorhanden.

Die befreiende Blasphemie

Gaias Sturm

Gaia hatte diese dramatische und fatale Geschichte, die sich in den vergangenen fünf Jahrtausenden auf ihr zugetragen hatte, in eine klare Form gebracht. Sie hatte diese Geschichte erzählt und mit einem tiefen, seufzenden Ausatmen in ihr sphärisches Feld entlassen. Dort, im irdischen Bewusstseinsfeld, löste diese ausgeatmete Geschichte eine heftige Kettenreaktion aus. Es schien, als wäre ein Funke in ein Pulverfass gefallen, derart heftig und spontan waren die Reaktionen, die dem folgte.

Ein heftiger Orkan baute sich auf und fegte reinigend, klärend und unendlich befreiend über das Land. Gleichzeitig entluden sich Jahrhunderte lang aufgestaute Spannungen in der Erdkruste, die enorme Erdbeben zur Folge hatten. Die Beben, die sich am Grunde der Meere entluden, ließen gigantische Flutwellen hochsteigen. Diese reinigend klärenden Wassermassen brandeten mächtig und befreiend an die Meeresküsten. Die aufgestauten Emotionen der Erdenmutter stiegen hoch und überfluteten mit sintflutartigen Regenfällen weite Landstriche.

Der Sturm aber, der über das Land fegte, wurde von heftigen Blitzen und fantastisch farbenprächtigen Auroren begleitet. Die von den Göttern mühsam installierten Glaubensbilder, Machtinstrumentarien, Täuschungsbilder und Gewaltfelder gerieten ins Wanken. Die über Jahrtausende mühsam installierten, Dogmen erschaffenden und Glaubenssätze aufrechterhaltenden Mechanismen wurden aus ihren Verankerungen gerissen. Die Atmosphäre reinigte sich und strahlte eine morgendlich frische, kristallene Klarheit aus.

Jahwe erstarrte vor Schreck, als er die Kraft und die Wirkung erkannte, die in der kristallklaren Wahrhaftigkeit der Geschichte Gaias lag. Es war Gaias Geschichte, die diesen gigantisch klärenden Sturm und die sich hoch aufbäumenden, reinigenden Flutwellen entfacht hatte. Es war die Kraft der Klarheit und der Reinheit jener Informationen, die dieser Geschichte inne wohnte. Und Jahwe erkannte, dass er gegen diese Informationswellen machtlos war. Er konnte diese riesige Flut klarer Information weder verhindern, noch deren Auswirkungen stoppen!

Und Jahwe erahnte, dass diese kristallklare Wahrhaftigkeit der Geschichte Gaias das sphärische Feld in einem Ausmaß derart befreien könnte, dass ihm die göttliche Weltherrschaft gänzlich aus den Händen entgleiten würde.

Jahwe erstarrte, wie auch die vereinzelten Götter, die ihm dienten!

Dieser Orkan, der reinigend durch die irdische Atmosphäre fegt und die sich aufbäumende Flutwelle, all das vollzieht sich jetzt, in diesem Moment in dir.

Du, der du diese Erzählung Gaias liest, der du diese Worte Gaias hörst, bist zu einem Teil dieses Geschehens, zu einem Teil dieser Geschichte geworden.

Und diese Geschichte verlangt von dir, hier und jetzt eine Entscheidung.

Entscheide, hier und jetzt, ob du Jahwe weiter dienen willst.

Entscheide, ob du das Leben, das du bislang geführt hattest, weiter führen willst. Denn so, wie du bisher gelebt hattest, war es wohl ein Leben im Dienste Jahwes, unabhängig davon, ob dir dies bewusst war oder nicht, unabhängig davon, ob du dies wolltest oder nicht.

Du hast wohl den Göttern und Jahwe gedient, da du nicht wusstest, wer sie waren.

Doch nun weißt du es. Und nun trägst du die Verantwortung dieses Wissens in dir.

Entscheide nun, ob du weiterhin den Göttern dienen willst.

Oder ob du die nötige Blasphemie wagst, auf den Ruf der Gaia hörst und die Lieder der Heilen Matrix in dir erklingen lässt. Es ist heute strengstens verbotene Blasphemie, sich dem Ruf der Gaia zuzuwenden. Es ist strengstens verbotene Blasphemie, sich den Liedern der Heilen Matrix hinzugeben. Wagst du es?

Diese Lieder, sie sind in dir und es liegt an dir alleine, ob du ihnen Aufmerksamkeit und Gehör schenken willst. Und ob du diesem, ihrem Ruf folgen willst, der dich in eine Welt führt, die dich erfüllt, in ein Leben, in dem du die Liebe auf allen Ebenen wieder frei leben kannst, in ein Leben, nach dem du dich seit jeher gesehnt hast.

Diese neue Welt ist möglich!

Dieser Weg beginnt mit einer umfassend heilsamen Blasphemie.

Und du wirst so zu einem entscheidenden Faktor in diesem Spiel!

Wenn du es gestattest, dass dieser befreiende Orkan in dir selbst erwacht, wird alles, was an Jahwes Implantaten und an Jahwes Geist in dir lebt, aus seiner eiskalten Verankerung entbunden werden. Jahwes Geist, seine Gebote und Dogmen, sein Gesetz, sein gesamter Wahn hatten sich in dir, in deinem Wesen über Jahrtausende hinweg verkrallt. Doch der Orkan wird die Gewalt, welche diese Glaubenssätze über dich hatten, gänzlich entmachten. Der Orkan wird die Kette der Gewalt in dir aufbrechen und so das in dir lebende Gewaltfeld brüchig machen und destabilisieren.

Das Beben, welches diese Geschichte Gaias in dir auslösen wird, dieses Beben wird eine Flut an Emotionen aus dir entströmen lassen. Doch diese Flut wird dich reinigen, wird Verletzungen von Jahrtausenden in dir heilen und deine brennenden Wunden wie kühlender Balsam besänftigen.

Du wirst Kräfte in dir spüren, die sich nach Lebendigkeit und vor allem nach Liebe sehnen.

Du wirst eine Liebe in dir spüren, die du bislang noch nie in dir wahrgenommen hattest.

Steige ein, in dieses neue Feld, in dieses neue Wissen, in diese Wahrhaftigkeit.

Wage es, jetzt!

Das Liebesfeld Gaias

Bereits kurz nachdem du den götterfreien Sprung in dieses neue Feld gewagt hattest, begann sich die Welt vor deinen Augen allmählich aufzulösen. Du fandest dich mitten im Auge eines fantastischen Orkans wieder. Um dich herum war es vollkommen still. Eine angenehme Stille war das, eine Stille, in der du dich spontan auszudehnen begannst. Du hörtest deinen ruhigen und gleichmäßigen Pulsschlag und spürtest einen Frieden in dir, der dich weitete, der deine Gedanken klärte und der deinen Geist beflügelte.

Du befandest dich inmitten einer umfassenden Stille, während die Welt um dich herum sich sehr rasch bewegte und sich förmlich auflöste. Die Konturen der dir bekannten Welt verschwammen in einem Geflecht aus farbenprächtigen Lichtfäden, die aus sich heraus leuchteten und sich einem Spiel, einem Tanz aus Licht und Farbe hingaben. Die Welt, wie du sie bisher gekannt hattest, begann in diesem aus Lichtfäden bestehenden komplexen Gewebe zu verfließen und war bald vollends darin verschwunden. Übrig blieben das Spiel der Lichter und der rhythmische Tanz der Farben. Und zu diesem stillen Frieden in dir gesellte sich eine erhebende innere Fröhlichkeit.

Dann wurdest auch du allmählich von einer rasend schnellen Bewegung erfasst. Frei schwebend glittest du mit immer schneller werdender Geschwindigkeit in rotierend kreisendem Tanz durch einen hell strahlenden, immer heller werdenden, tunnelartigen Raum. Die Geschwindigkeit nahm ständig zu und gleichzeitig damit auch die dich umgebende Helligkeit, das dich umgebende Strahlen. Dieses Licht wurde immer heller, ohne dadurch aber grell oder gleißend zu werden. Dieses Licht berührte dich beruhigend und unendlich sanft.

In einem weiten Friedensfeld, das du in dir und um dich herum wahrnahmst, erblühte dein Herz in einer grenzenlos frei fließenden Liebe. Diese deine Liebe floss auf jene Menschen über, die dir in diesem Augenblick in den Sinn kamen. Dies waren Menschen, die dir in deinem Leben wichtig gewesen waren, aber auch Menschen, an die du dich erinnern konntest, ohne ihnen in diesem Leben jemals real begegnet zu sein. Du warst durch deine frei fließende Liebe mit dem sphärischen Feld der Erde gerade derart eins, dass es eine Schranke zwischen dir und dem anderen, zwischen dir und dem allumfassenden Sein nicht mehr gab.

Am Ende des Tunnels erkanntest du ein außergewöhnlich hell strahlendes Licht, auf das du dich mit rasender Geschwindigkeit zu bewegtest. Einen Moment lang versuchtest du deine rasante Bewegung abzubremsen. Doch der frei fließende Strom des tunnelartig geformten Raumes nahm dich mit und du gabst dich dem vertrauensvoll hin.

Du erreichtest dieses reine Lichtfeld und spürtest dich eintauchen in ein Gewebe aus angenehm wärmenden Lichtfäden, das deine Haut weich streichelnd berührte. Deine rasende Geschwindigkeit wurde von Myriaden von tanzenden und farbig vibrierenden Lichtfäden und Lichtbändern abgebremst, die langsam verglühten. Sehr tief fielst und tauchtest du ein in dieses farbenprächtige Gewebe.

Je langsamer du wurdest, umso mehr nahm das Leuchten der Bänder und Fäden ab. Der Zauber verging. Das leuchtende Gewebe wandelte seine Gestalt und formierte sich vor deinen Augen neu, formte sich um. Die leuchtenden Bänder flossen ein in eine neue Gestalt. Und du erkanntest diese Wirklichkeit, die sich vor deinen Augen zusammensetzte, wieder. Dies war die Wirklichkeit jener Welt, aus der dich der fantastische Orkan entführt hatte. Dies war die dir vertraute Welt, doch sie war anders geworden. Du erkanntest deine Welt zwar in den dir vertrauten Formen, doch deine Wahrnehmung hatte sich verändert und erweitert. Du sahst tiefer in sie hinein. Du konntest wahrnehmen, was dahinter lag.

Dann erkanntest du, dass du dich mit Leichtigkeit völlig frei bewegen konntest. Sobald du an einen bestimmten Ort dachtest, befandest du dich bereits dort. Für das Geschehen an diesem Ort und für die Menschen, die sich dort aufhielten, warst du allerdings unsichtbar. Du fandest dich in der Rolle eines gänzlich freien Beobachters wieder und das faszinierte dich.

Du begannst zu wandern und zu sehen, was du bisher noch niemals hattest sehen können. Du sahst in die Tiefe der Dinge. Und du erkanntest, wie das sphärische Feld, das Bewusstseinsfeld der Erde, tatsächlich funktionierte.

Du sahst einen jungen Mann, der dein Interesse weckte. Du sahst, wie er dachte, was er fühlte, welche Ströme von ihm ausgingen und wie das Feld, das ihn umgab, auf ihn einwirkte.

Dieser junge Mann liebte. Er war verliebt und alles in ihm vibrierte, wenn er an seine Geliebte dachte. Er lebte diese Liebe in vollen Zügen und auf allen Ebenen. Du sahst, wie sich in ihm und in seiner Geliebten das Licht des Urvaters mit den Liedern der Urmutter vereinigte, besonders dann, wenn sie sich körperlich sinnlich liebten. Du sahst, wie im Moment des sexuellen Orgasmus Kräfte frei wurden, die hell strahlend und mit einer unendlichen Farbenpracht das sphärische Feld der Erde beschenkten und bereicherten. Das Liebesfeld, das um die Liebenden herum erblühte, strahlte weithin aus. Die Liebe dieser beiden berührte und beschenkte die Felder jener Menschen, denen sie begegneten.

Doch diese Liebe rief mit ihrem Strahlen im sphärischen Feld durchaus auch andere Kräfte wach. Das Feld reagierte auf die Liebenden. Du erkanntest, wie in diesem Feld plötzlich, nachdem offenbar ein gewisser Schwellenwert an Intensität überschritten worden war, Programme hochgefahren und aktiv wurden. Diese Programme verdichteten das Liebesfeld und erschufen eine matte, nebelartige Masse, die in die Aura der Liebenden einströmte, ja nahezu gewaltsam eindrang. Das Bewusstseinsfeld der Welt reagierte auf das Liebesfeld der Liebenden offenbar mit einer grauen Mattheit, mit einem zähen Nebel, der langsam immer kühler wurde. Und dieser matte Nebel, der langsam den Glanz der Liebenden verblassen ließ, fand offenbar im inneren Wesen der beiden Menschen ausreichend Resonanzfelder, an denen er ansetzen konnte. Denn das, was dieser Nebel in das Wesen der Liebenden einbrachte, verselbständigte und vermehrte sich dort schleichend und stetig.

Dieser unerwartete und schleichende Wandel im soeben voll erblühten Liebesfeld machte dich betroffen. Du wolltest begreifen, du wolltest verstehen. Du wolltest wissen, was sich hier tatsächlich ereignet hatte. Du wolltest wissen, woraus dieser graue

Nebel bestand. Du gabst diese Fragen in den dich umgebenden Raum ein und die Antwort darauf ließ nicht lange auf sich warten.

Nachdem das Liebesfeld sich um die beiden Liebenden ausgebreitet hatte, waren graue und massive Feldprogramme ausgelöst geworden. Das Feld reagiert immer dann mit solch einem massiven Schutzmechanismus, sobald sehr starke, sehr intensive Bewegungen von den allgegenwärtigen Feldsensoren erkannt werden.

Du sahst, dass das gesamte sphärische Feld der Erde von solch massiven Mechanismen vollends durchdrungen war. Wie eine unendlich schwere Bürde hafteten diese Mechanismen dem Feld an. Das sphärische Feld der Erde war ein intensiv durchprogrammiertes Gebilde. Diese Programme lauerten überall und überwachten sämtliche Bewegungen, sämtliche Gedanken, sämtliche Emotionen und verglichen die gemessenen Werte mit den zugelassenen Grenzwerten. Sobald solch ein Grenzwert überschritten wurde, löste dies eine genau vorgegebene Prozedur aus. Und die heftigsten Reaktionen im Feld gab es dann, wenn starke, intensive Emotionen, vor allem aber Liebesschwingungen sichtbar wurden.

Das Feld reagierte mit der Erschaffung von genauestens programmierten, nebelartigem Gewebe, das in das Wesen der Menschen eindrang. Dieser Nebel löste im Menschen eine Fülle von Empfindungen und Denkmustern aus. Der jeweils verdichtete und programmierte Nebel war genauestens auf den Menschen abgestimmt und seine Auswirkung auf den Menschen sowohl bestens bekannt, als auch vielfach erprobt.

Die Feldprogramme waren nicht bloß im Außen angelegt, sondern standen sehr direkt mit dem Inneren jedes einzelnen Menschen in Verbindung. Jeder Mensch trug zu jenen Programmen, die im äußeren Feld verankert waren, das passende Gegenstück, das passende Implantat in sich selbst. Diese Implantate öffneten das Wesen des Menschen und ermöglichten so dem grauen Nebel, in das Innere des Menschen einzudringen.

Doch nicht nur die nebelartige Kälte war es, die den Menschen zu schaffen machte. Auch die von den Programmen erzeugten Frequenzmuster blieben nicht ohne Wirkung. Sobald nämlich solch ein aktiviertes Programm jene Frequenzmuster freisetzte, die mit einem bestimmten Implantat im Inneren des Menschen in Resonanz gingen, setzte dieses Implantat im Inneren des Menschen Impulse frei, die den Menschen zu bestimmten Handlungen bewegten, ja sogar zwangen. Die Frequenzmuster fuhren im Menschen Implantate hoch, die er fälschlich als seine eigenen Gefühle und als seinen eigenen Willen deutete.

Die im Feld verankerten Programme, die im Menschen angelegten Implantate und der eindringende kalte und verwirrende Nebel, das waren die Fäden, durch die der Mensch wie eine willenlose Marionette gelenkt wurde, ohne sich dessen bewusst zu sein.

Du erschrakst, als du diese Bilder sahst. Und du erkanntest, dass auch du in deinem eigenen Leben durch diese Marionettenfäden gelenkt worden warst.

Der junge Mann, der liebte, reagierte auf das destruktive Liebesprogramm im Feld. Die Liebesimplantate in ihm waren es, die gezielte Denkmuster und Empfindungen in ihm auszulösen begannen. Das, was er in seinem Herzen gespürt hatte und diese fraglos reine Liebe, die er mit seiner Geliebten erlebt hatte, diese Kräfte der freien Liebe wurden plötzlich durch den Lärm dieser induzierten Gedanken und Emotionen empfindlich gestört und allmählich übertönt.

Der junge Mann bekam es auf einmal mit der Angst zu tun. Er wollte die Liebe, die ihm so wertvoll geworden war und die ihm völlig unerwartet nun zu entgleiten drohte, festhalten und für immer besitzen. Der Besitz in der Liebe, das waren die ersten Denkmuster, die in diesem Liebenden aktiv wurden. Diese Glaubenssätze erklärten seinem verwirrten Herzen, dass die Frau, die er liebte, ihm alleine gehören musste. Niemand außer ihm selbst durfte sie lieben, niemand, außer ihm, durfte mit ihr flirten und niemand, außer ihm alleine, durfte mit ihr schlafen.

Er glaubte, dass diese junge Frau, die er so sehr liebte, jene eine und einzige wäre, die einzig für ihn bestimmt wäre. Jenes feldbestimmende Programm, das von der einen und einzigen Liebe sprach, wurde in ihm aktiv. Er war überzeugt, dass er in dieser Frau diese eine Liebe gefunden hatte, die es bloß ein einziges Mal auf dieser Welt für ihn gab. Und diese Liebe musste er fortan besitzen, um sie nie mehr zu verlieren.

Er musste den Besitz, den er durch diese Liebe gewonnen hatte, verteidigen. Er musste Gefahren, die seinem Besitz drohten, rechtzeitig erkennen und bekämpfen. So begann er allmählich, eifersüchtig über seine Geliebte zu wachen. Er beobachtete genau, wann und wie lange sie mit wem sprach, wie sie sich gegenüber anderen Männern verhielt, oder was sie über andere Männer erzählte.

Der Frau blieben die Besitzansprüche ihres Geliebten keineswegs verborgen. Sie versuchte sich klar zu werden, wie sie das deuten sollte und wunderte sich über die Emotionen, die diese in ihr auslösten. Zum einen fühlte sie sich besonders geehrt, dass ihr Freund so sehr um sie kämpfte. Sie wollte schließlich sehen, was sie für ihn bedeutete und fühlte sich durch seinen eingebrachten Eifer in ihrer Liebe sicher. Sie begann sogar mit Absicht subtil seine Eifersucht anzustacheln, die er ungeschickt vor ihr zu verbergen suchte. So wähnte sie sich sicher, dass sie von ihrem Geliebten tatsächlich begehrt und geliebt wurde.

Auch in ihr war das Programm des Besitzes in der Liebe voll am Laufen. Wenn sie sah, dass ihr Geliebter einer anderen Frau, die seinen Eros offenbar berührt hatte, nachblickte, machte sie ihm eine Szene oder zeigte ihm die kalte Schulter.

Von da an war es mit der Wahrhaftigkeit in der Liebe allerdings vorbei. Den Reiz, den andere Frauen auf ihn ausübten, verheimlichte er tunlichst. Und sie verbarg vor ihm ihre fehlende sexuelle Erfüllung, die sie allmählich durch geheime sexuelle Fantasien, in denen sie von anderen Männern träumte, zu kompensieren suchte.

Dieses Paar zog aber das durch, was sie sich in ihrer schönen, wohligen Verliebtheit einst versprochen hatten: Sie schlossen den Bund der Ehe. Das Programm der Einehe war schon von Anfang an in ihrem Wesen erwacht. Und nun hatte sie ihn endlich dazu gebracht, ihr einen Heiratsantrag zu machen. Es sei eine Liebesheirat, sagten sie, doch du konntest die Wahrheit sehen. Du sahst, wie in ihren Herzen die Liebe zueinander allmählich erkaltete.

Das junge Paar verstrickte sich in den Maschen des globalen Finanzsystems und baute mit hohen Schulden ein Haus. Auch hier hatte sich die Schlinge um sie zugezogen. Nun waren sie der Kontrollmacht des Geldes ausgeliefert. Nun mussten sie in dieser Welt einwandfrei funktionieren, sofern sie nicht alles, was sie sich geschaffen hatten, verlieren wollten.

Und du sahst, wie die Sehnsucht nach Liebe in ihren Herzen immer dringlicher aufschrie, da der Raum für Liebe unglaublich eng geworden war.

Das Paar bekam zwei Kinder. Und während er sich um das finanzielle Wohlergehen seiner Familie sorgte, kümmerte sie sich um alles Häusliche. Sie hatten es jetzt geschafft, sie hatten das, wovon sie geträumt hatten, verwirklicht. Aber glücklich waren sie nicht. Die Liebe wurde nicht gelebt, ja konnte nicht gelebt werden, da sie in der umzäunten familiären Scheinidylle erstickte. Die Sehnsucht nach Liebe wurde durch Konsum übertönt. Und die sehnsüchtigen Wünsche nach Liebe und nach sexueller Erfüllung wurden heimlich fantasiert oder durch Arbeit ganz einfach verdrängt.

Du sahst, wie die Programme der Eifersucht, die Programme des Besitzes, die Programme der sexuellen Treue und der Exklusivität, die Wahrhaftigkeit ihrer Liebe unmöglich gemacht hatten. Du sahst aber auch, wie trotz allem in ihnen, in ihrem Herzen etwas lebendig geblieben war. Obwohl sie sich gnadenlos in die Maschinerie des allgemein anerkannten Gesellschaftssystems verstrickt hatten, obwohl sie ihr Leben lang würden arbeiten müssen, um die Schulden an ihrem Haus abzahlen zu können, war dennoch in ihrem Herzen etwas lebendig geblieben. Du sahst, wie die Kraft der Lilith immer wieder im Wesen der Frau erwachte. Du sahst, wie die Einstrahlung der Venus sie an etwas erinnerte, das sie nicht fassen konnte, das wie in einer fernen und unerreichbaren Vergangenheit lag, dennoch aber in ihr präsent und lebendig geblieben war. Und du sahst, wie ihr Mann ab und zu sich an eine hell strahlende Kraft erinnerte, die jenseits vom Gehorsam gegenüber den eingebildeten Verpflichtungen lag.

Du sahst aber auch, wie durch diese Erinnerung in beiden eine ungeheure Spannung hochstieg, sich aufstaute und dringend nach einem Ventil zur Entladung suchte. Es war klar, dass hier demnächst etwas geschehen musste. Einer von beiden würde den

Mut haben, dieses beengende, lebensfeindliche Muster zu durchbrechen. Die Zeit dafür war reif.

Dann zog plötzlich etwas anderes deine Aufmerksamkeit auf sich. Du erkanntest, dass der graue Nebel jener göttlichen Programme, welche die Liebe unterdrücken und töten, im Feld der Erde allgegenwärtig war. Du erkanntest, dass diese Programme nicht nur den Menschen zu nahezu willenlosen Marionetten gemacht hatten, sondern auch der Nährboden waren für Neid, Eifersucht, Hass und Krieg. In diesem kalt programmierten grauen Nebelfeld gedieh ein weltumspannendes Kriegsfeld.

Doch da war etwas, das dich faszinierte.

Diese Programme hingen im Feld der Erde wie zäher Nebel. Sie hatten sich in der Atmosphäre verkrallt, kontrollierten und überprüften und warteten nur darauf, wieder zuschlagen zu können. Doch da und dort waren in dieser umfassenden Matrix der Angst diese Programme aus ihren Verankerungen gerissen worden. Immer wieder entdecktest du plötzlich Spuren der Instabilität. Der orkanartig klärende Sturm, der nach dem Ausatmen der Wahrheit Gaias reinigend über das Land gefegt war, hatte die irdischen Sphären aus dem eisigen Würgegriff der Gewaltmatrizen bereits ein Stück weit befreit!

Die Gestalt, in der du diese Wächterprogramme sahst, machte zwar einen sehr kalten, metallenen Eindruck. Doch du erkanntest, dass diese bereits alt, ja sogar gebrechlich waren. Sie waren aktiv, sie waren in ständig überwachender Alarmbereitschaft, zweifellos. Aber dennoch wirkten sie längst nicht mehr frisch, hatten ihren jugendlichen Elan längst verloren und erschienen veraltet. Sie waren brüchig geworden.

Ja, brüchig und spröde, wie altes und bereits vielfach angegriffenes Metall. Sobald solch ein Programm aktiv wurde, sprangen elektrisch aufblitzende Funken von einer Schaltstelle zur nächsten. Doch zeitweise starteten diese Programme nur fehlerhaft hoch, mussten mehrmals neu hochgefahren werden, ehe sie tatsächlich wirksam wurden. Da und dort waren die metallisch erscheinenden Verstrebungen der Programmstrukturen bereits derart brüchig geworden, dass sie überhaupt nicht mehr funktionierten. Dort, wo diese Programme schwiegen, dort war es dann still, unglaublich friedlich und still, solange, bis der Fehler in dieser Matrix der Gewalt von unsichtbarer Hand behoben wurde und diese wieder hochgefahren werden konnte.

Interessiert und fasziniert bewegtest du dich über der Erde und entdecktest diese fehlerhaften Strukturen in der aufgebrochenen Matrix immer wieder.

Jahwe war offenbar alt geworden, alt und einsam. Er hatte die Götter verdrängt, er hatte sie zu unterwerfen versucht, doch das war offenbar sein Fehler gewesen. Manch einer der Götter war von der Erde gänzlich verschwunden und existierte nur mehr als Randbemerkung in den Geschichtsbüchern. Das Reich der Götter war ausgedünnt.

Jahwe war alt geworden und einsam. Er hatte zwar ein System erschaffen, mit dem er den gesamten Planeten beherrschen konnte, doch dazu fehlte ihm jetzt offenbar das Personal!

Unter der brüchig gewordenen Matrix hörtest du die Lieder der Mutter Erde.

Gaia sang die Hymnen der Heilen Matrix. Und diese Lieder stiegen aus ihrem Inneren empor und durchdrangen die Matrix der Gewalt mit jener selbstbewussten Feldkraft, mit der ein einzelner Grashalm durch eine zentimeterdicke Asphaltdecke hindurch wächst. Die Lieder der Heilen Matrix waren voller Leben, zwar mit Melancholie durchdrungen, doch nicht ohne eine spürbare Zuversicht.

Du lässt dich ein, lässt dich hineinfallen in diese heiligen, heilenden Lieder.

Und du hörst.

Du hörst, dass diese heiligen Lieder der Gaia seit jeher da waren und für immer da sein werden.

Du hörst, dass es dir und jedem Menschen jederzeit möglich war, jederzeit möglich ist und jederzeit möglich sein wird, sich mit diesen heiligen Liedern zu verbinden, zu vereinen. Denn was immer du auch für Verletzungen in deinen Leben erfahren hast, sie, die Urmutter, kennt dich, sie kennt dein Wesen und sie weiß was du brauchst, um heil zu werden. Sie ist die große Heilerin. Und ihre heiligen Lieder sind die Frequenzen, die dich heilen, auf allen Ebenen.

Die Lieder, die sie singt und die dein Wesen berühren, diese Lieder setzen in dir jene Energien frei, durch die nachhaltige und tiefe Heilung in dir stattfinden kann.

Und dann erkanntest du die Kraft, die in diesen Liedern lag. Es war eine stille Kraft, eine in sich ruhende Kraft und eine Kraft, die im Einklang stand mit etwas, das weit größer war als diese Welt. In dieser Kraft lagen eine Weisheit, ein Wissen und die Verbundenheit mit dem allumfassenden kosmischen Sein.

Die Verbundenheit mit allem war es, diese Verbundenheit mit allem Lebendigen, diese Verbundenheit mit dem allumfassenden kosmischen Liebesfeld, diese Verbundenheit war es, die das heilsame Friedensfeld erschuf. Durch diese Verbundenheit konnte eine wärmende Kraft einströmen in diese Welt, jene wärmende, sinnliche und impulsive Kraft, die das weite Liebesfeld der Gaia erblühen lässt.

Und du begannst zu begreifen, woher die Menschen einst, bevor sie von den Göttern versklavt worden waren, ihr Wissen bezogen hatten. Das Friedenswissen stammte direkt aus jenem Friedensfeld, das sich nun vor dir eröffnet hatte. Und das Liebeswissen, das Wissen um die Kraft der Lilith und das Wissen um die Kunst der sinnlichen Liebe, dieses Wissen bezogen die Menschen einst aus diesem allumfassenden kosmischen Liebesfeld.

So war es einst.

Und so soll es bald, jetzt, wieder sein.

Dann sahst du, dass es diesem Liebesfeld zu verdanken war, dass die Kette der Gewalt an vielen Stellen bereits aufgebrochen war. Die Matrix der Gewalt war instabil geworden und Gaia bereitete sich auf eine enorme Erneuerung vor. Doch auch Jahwe wird alles daran setzen, um das Blatt doch noch zu seinen Gunsten zu wenden. Er wird sich nochmals mächtig aufbäumen und alle Gewalt, die ihm innewohnt, einzusetzen suchen. Er wird versuchen, die Lücken in der aufgebrochenen Gewaltmatrix wieder zu schließen, um die Liebesfähigkeit im Menschen endgültig zu töten.

Noch ist nichts entschieden.

Und diese Entscheidung liegt jetzt in dir!

Du bist es, der das Geschehen entscheidend wenden kann.

Die Lieder der Gaia sind der Schlüssel. Sobald du mit diesen Liedern in Einklang gehst, hat sich dein Leben im Sinne der Heilen Matrix erfüllt. Dann wirst du beginnen, frei und in Freiheit zu lieben. Dann wird durch dich die Heile Matrix in das sphärische Feld der Erde einströmen.

Und dann wirst du selbst das Liebesfeld der Gaia sein.

Der Mensch befindet sich in einer Übergangsphase, die dramatischer nicht sein könnte. Die Matrix der Angst und der Gewalt wirkt feldbestimmend auf unser Tun, auf unsere Wahrnehmung und auf unsere Empfinden ein. Eine drohende Klimakatastrophe, der mögliche Zusammenbruch des Finanzsystems und die heftigen Reaktionen der Erde sind Themen, die alltäglich geworden sind.
Doch es gibt einen Ausweg:

Die Rückbesinnung auf die Heile Matrix!
Die Blume der Liebe ist eine wunderschöne geometrische Form und zugleich ein Schlüssel, der uns persönlich und der gesamten Menschheit dabei entscheidend unterstützen kann.
Das Projekt Venusblume und konkrete Anwendungsmöglichkeiten der Blume der Liebe zeigen uns gangbare und effektive Wege in eine lebenswerte neue Welt.
Möge uns gemeinsam die Heilung der Liebe gelingen!

Die Blume der Liebe

vom Problemfeld zum Heilungsfeld

268 Seiten, Hardcover, durchgehend in Farbe, 26,90
ISBN: 978-3-9502439-9-4
bestellbar per E-Mail: werner.neuner@meinthema.at